自主阅读

让孩子自选与自读，培养读写能力

［美］斯蒂芬·克拉生
李思颖
刘英 ———————— 著

林俊宏 ———————— 译

CHISO 青少社 SINCE 1956 新疆青少年出版社

图书在版编目（CIP）数据

自主阅读 /（美）斯蒂芬·克拉生，李思颖，刘英著；林俊宏译. -- 乌鲁木齐：新疆青少年出版社，2020.4（2022.2重印）
ISBN 978-7-5590-5915-4

Ⅰ.①自… Ⅱ.①斯… ②李… ③刘… ④林… Ⅲ.①读书方法－研究 Ⅳ.G792

中国版本图书馆CIP数据核字(2020)第000860号

版权登记：图字 29-2019-001

自主阅读

［美］斯蒂芬·克拉生 李思颖 刘英 / 著 林俊宏 / 译

出版人 徐 江
策 划 许国萍
责任编辑 许国萍 尚志慧
特约编辑 张贵勇
特约审校 王玉芳
封面设计 代鼎文
美术编辑 邓志平
法律顾问 王冠华 18699089007

出版发行 新疆青少年出版社
地 址 乌鲁木齐市北京北路29号
网 址 http://www.qingshao.net
印 刷 北京博海升彩色印刷有限公司
经 销 全国新华书店
开 本 710×1000 1/16
印 张 9
版 次 2020年4月第1版
印 次 2022年2月第2次印刷
字 数 80 千字
印 数 6 001-11 000 册
书 号 ISBN 978-7-5590-5915-4
定 价 39.80元

作者简介

※斯蒂芬·克拉生博士

克拉生博士身兼作家、语言学家及研究学者等角色，在读写能力、语言习得、神经语言学及双语教育等领域颇有建树，发表多部专著，对业界影响深远。

克拉生博士在全球推广阅读，强调阅读对语言习得的重要性，著作获奖无数，包括美国现代语言协会（Modern Language Association）年度著作奖（Mildenberger Award）、美国外语教学协会（American Council of Foreign Language Teaching）年度著作奖（Pimsleur Award）等。克拉生博士于 2005 年入选国际阅读协会（International Reading Association）阅读名人堂（Reading Hall of Fame），他还是 1977 年威尼斯海滩的上斜杠铃卧推冠军，至今仍在金牌健身俱乐部（Gold's Gym）持续健身。

※李思颖博士

李思颖博士现为台湾科技大学应用外语系系主任。研究领域包括第二语言及读写能力习得、广泛阅读、读者文本互动及博客写作。在国内外学术期刊发表 30 篇专业论文，出版专著一部，参与全球专业学术研讨会 50 余次，为即将步入教师岗位的新教师及在职教师开设超过 25 场工作坊。

李思颖博士曾获台北大学教学优良教师奖，拥有美国南加州大学教育学院语言及读写能力（Language and Literacy）博士学位。

※ 刘英博士

刘英博士为美国旧金山州立大学教育学院副教授、孔子学院创院院长，并担任中英双语培训教师项目（Chinese Bilingual Teacher Education Program）协调人，也在四个重要的美国联邦研究项目中担任项目负责人。

刘英博士是课程开发及专业发展的深耕者，曾任教于美国哥伦比亚大学教育学院、香港浸会大学，在第二语言习得、双语教育、ESL（English as a second language，非母语英语课程）方法论、中文教学法、阅读及双语读写能力发展等领域均有涉猎。在如何学习中文方面，发表过许多著作。

序 言

自主阅读的力量

儿童阅读研究者 刘殿波

很多校长经常抱怨，学校不遗余力地推动校园阅读，每年购买大量书籍，举办很多阅读活动，却收效甚微。老师们也很苦恼，他们极力向孩子们推荐经典名著，采取各种奖励措施，甚至用布置家庭作业的方式引导学生阅读，但很多学生依旧没有形成阅读兴趣，养成阅读习惯，阅读能力更是无从谈起。

很多学校的阅读活动之所以陷入一个推广却效果不理想、再推广依然效果不理想这样不断循环往复的怪圈，究其原因并不是学校不努力推动阅读，而是没有找到一个有效、科学推进阅读的方法。长期以来，我们过多地关注给学生的读物是否经典，以及能否迅速提高他们的阅读能力，殊不知这样的方式不但不能激励学生阅读，反而降低了他们的阅读兴趣，这种阅读方式并不科学。

早在2004年，美国语言学家斯蒂芬·克拉生教授就在他的著作《阅读的力量》中提出了自由阅读（Free Voluntary Reading，FVR）的重要性。自由阅读就是无压力阅读，学生为了兴趣而阅读，不需要写读书报告，不必回答每个章节后的问题，也不用为每个生字查字典。克拉生教授在《阅读的力量》中用大量的实例和数据证明，大部分老师花了大量时间在课堂上教字词句、语法规则、语文知识、阅读方法，这些基本上是在浪费时间，远不如让孩子自由阅读，因为教师的大量讲解和学生的大量练习只会让学生更讨厌阅读。自由阅读是“唯一能同时使人乐于阅读，培养写作风格，建立足够词汇，增进语法能力，以及正确拼写的方法”。他还证明，自由阅读不仅对学习母语有帮助，也能促进外语能力快速提高。

如果说《阅读的力量》用科学研究揭示了阅读的重要性和“自由阅读的力量”，那么斯蒂芬·克拉生教授和他的两名学生合著的《自主阅读》则是在此基础上，继续用研究成果告诉我们自主阅读的具体方法，并指出要发展出最高读写能力需要经过三大阶段：一是听故事；二是自主阅读；三是专题研读。

书中不仅用大量实例和科学论证向我们阐释了三大阶段在发展个体阅读能力中的重要地位和作用，而且提出了各自需要遵循的原则与方法，纠正了长期以来教育者在发展学生阅读能力方面的误区。例如，作者指出，那种在讲故事时引导孩子注意文字细节，以加速培养学生阅读能力的做法，不但对于提升他们的文字意识成效甚微，而且这种打断阅读流程的行为还可能影响孩子听故事的乐趣，不利于培养他们的阅读兴趣；在自主阅读阶段，也不应该只向学生提供所谓的经典读物，而是孩子爱读什么就让他们读什么，要相信孩子不会对“优秀读物”弃而不顾，只读“垃圾读物”，因为随着年龄增长，他们自然会选择阅读比较艰深的书籍。作者还通过研究发现，自选读物阅读虽然往往读的是休闲读物，但能够让阅读能力、写作能力、语法能力得到提高，使词汇量大幅度增加，就像一座桥连通着“学术”或“专业”的读写能力。

需要特别指出的是：在自主阅读阶段，“他们会不会只读垃圾读物”和“他们会不会只读‘简单’的书”这两部分的实例数据来自对合肥市一群七年级学生的调研，这群七年级学生就读的小学曾加入陈一心家族慈善基金会所赞助的“石头汤悦读计划”。这项调研是国际上少有的以中国大陆儿童的阅读活动为研究对象，其相关研究成果和论点更适用于中国大陆的阅读活动，更具启发性。

可以说，《自主阅读》这本著作的内容一部分来源于对中国校园阅读现状的研究，其研究成果和论点具有重要的现实意义，并在一定程度上颠覆了传统的阅读观，给我们指导儿童阅读提供了一个更广阔的视角和崭新的理念，不但能够有效帮助幼儿园和中小学教师科学引导孩子走上阅读之路，还能够指导教师尽快成为专题阅读高手，从而为教师阅读能力和教学能力的提升提供直接帮助。因此，从教师教育和教师专业成长出发，《自主阅读》应成为每一位中小学教师的案头书。

目 录

引 言 01

第一章 06

可以理解且引人入胜的输入

习得语言、增强读写能力的秘诀在于，首先要了解自己所听所读的内容，如果这些内容既可以理解又引人入胜，就能收获最好的效果。

第二章 22

提升语言能力的三大阶段

要发展出更高的读写能力，不用刻意去学，经历这三大阶段——听故事、自主阅读、专题研读，自然而然就累积了自以为重要的知识。

第三章 34

朗读的功效与思考

朗读可以认识词汇和文法，进而强化听力和理解力，但如果为了培养文字意识而在阅读过程中不断强调文字，效果往往适得其反。

第四章 52

自选读物阅读

许多证据显示：自选读物阅读能让阅读、书写、词汇及文法大幅成长。不管处在哪个年龄，持续阅读都能培养语言和读写能力。

第五章 66

他们会不会只读垃圾读物?

研究证实，鼓励学生自由选择阅读读物，能提高学生对阅读的整体兴趣，到头来被选择阅读的书籍也大多是专家认定的优质图书。

第六章 78

他们会不会只读“简单”的书?

研究证明，如果让学生自选读物阅读，他们并不会只看轻松的读物，而是会随着年龄的增长，逐渐选择更复杂的内容来读。

第七章 96

PIRLS测验告诉我们什么?

分析2006年和2011年“国际阅读素养进展研究项目”（Progress in International Reading Literacy Study，PIRLS）测验，发现：影响分数的主要因素在于贫穷程度、学校是否有图书馆、图书馆是否方便使用。

总结论 114

附 录 122

引言

本书旨在为读者介绍影响读写能力发展的基本要素。全书分为七章，如果读者时间有限，只需读完引言的前三段，就能掌握本书要领。人们想要习得语言（不论是母语还是第二语言）、发展读写能力，前提是理解自己听到、读到的内容；如果这些内容极为有趣，或者说“引人入胜”（compelling），就能收获最好的效果。

所谓“引人入胜”，指的是听到有趣的故事并深深沉迷在书中世界，或是因为对某个主题很感兴趣而主动阅读，希望通过阅读了解相关信息。

我们认为，任何成功的读写能力培养方案，背后都隐含着这项原则。以下为各章内容简介：

第一章：可以理解且引人入胜的输入

我们必须先理解自己所听所读的内容，这样

才可能开始习得语言。如果想要获得最好的习得效果，输入的内容就必须非常有趣，或者说必须引人入胜。一旦输入内容引人入胜，所有因学习引起的担心、焦虑都会被抛诸脑后，也就不会有“缺乏动机”的问题，因为学习者在不知不觉中便开始习得语言，发展读写能力。

第二章：提升语言能力的三大阶段

要发展出最高读写能力（有时称为“学术级”读写能力），需要经过三大阶段：一是听故事，二是自主阅读，三是专题研读，即钻研个人兴趣。

在每个阶段，输入的内容都应该引人入胜。在第二阶段和第三阶段，阅读内容的范围会比较集中（narrow），第二阶段一般只看最爱的作家和文类，而第三阶段的阅读则是为了获取自己觉得重要的知识。

第三章：朗读的功效与思考

对于通往最高读写能力的三大阶段（详见第二章），本章将讨论其中的第一阶段，回顾与朗读相关的研究。本章得出结论：朗读可以增加词汇量，强化语法能力，进而提升听力理解能力；朗读还能激发孩子对书籍和阅读的兴趣。研究显示，故事书的语言和内容，远比教科书更为丰富有趣。

有些阅读专家表示，阅读时应该引导孩子多注意文字细节，以培养文字意识（print awareness），加速阅读能力的发展。但仔细审视该研究会发现，打断阅读流程不但对提升文字意识成效甚微，还可能剥夺了孩子听故事的乐趣。

第四章：自选读物阅读

通往最高读写能力（见第二章）的第二阶段，是自选读物阅读。虽然这类阅读往往读的是休闲读物，但许多证据显示，自选读物阅读能让阅读能力、写作能力、语法能力得到提高，使词汇量大幅增加。自选读物的阅读就像是一座桥，连通着“学术”或“专业”的读写能力。有过自选读物阅读经验的人，阅读艰涩文本的理解程度远高于没有自选读物阅读经验的人。

第五章：他们会不会只读垃圾读物？

本章围绕一个问题讨论：如果让孩子爱读什么就读什么，他们会不会对优秀读物弃而不顾，只读垃圾读物？我们的研究显示，并不会如此：在安徽省合肥市进行的“石头汤悦读计划”中，被鼓励自主选择阅读读物的学生，虽然对小说的兴趣稍高，但对诗的兴趣也不低；而且，被鼓励自主选择阅读读物的学生对阅读的整体兴趣总体上高于对照组的学生。

第六章：他们会不会只读“简单”的书?

第六章讨论的问题与第五章相关：如果给孩子自由阅读的时间，他们会不会只挑简单的书来读，而不碰那些比较难懂的书?我们在合肥的同一项研究显示事实不然。无论是教师还是一群五六年级的学生，他们所做的选书评分都显示：随着年龄增长，学生会选择阅读比较艰深的书籍。

第七章：PIRLS测验告诉我们什么?

PIRLS（国际阅读素养进展研究项目）测验的对象是10岁孩子，有超过40个国家和地区参与测验(参见http://www.iea.nl/)。每次PIRLS的测验结果一刊登见报，除了第一名或前两名的国家或地区之外，其余各国或地区都会疾呼这是该国或地区读写能力的危机，要求当地学校进一步加强学生在阅读“基础能力”上的学习。

本章的目的是分析为何某些国家或地区的阅读能力表现较佳。我们通过分析2006年、2011年的PIRLS测验，认为影响阅读分数的主要因素在于家庭贫穷程度(呈负相关)，以及学校是否拥有图书馆、图书馆是否方便使用(呈正相关)。PIRLS测验的研究结果与我们在第四章所回顾的相关研究结论一致。

对于“要加强发展阅读基础能力”这种说法，我们的研究结果并不支持。无论是阅读教学次数的多寡，还是有无从小发展孩子的读写能力，都不会影响孩子 10 岁时的阅读成就。而现在关于学习自然拼音法(phonics)是否影响英文阅读的研究，也显示出同样的结果。

总结论

整合前述各章的观点，指出我们研究的意义所在，力求让读者理解得清楚透彻。

第一章

可以理解且引人入胜的输入

所谓“引人入胜的输入”(Compelling Input)，指的是**输入内容非常有趣，从而使学习者“忘了”自己在听或读什么语言。**这种输入对于培养语言及读写能力十分重要：只要输入“引人入胜”，就能让人只注意到信息内容，从而忘了语言形式。[①]

我们认为，最能习得语言、提高读写能力的秘诀在于，输入内容足够引人入胜。这样就能颠覆过去对于“动机”的看法：如果想要学习另一种语言或是改善某方面的读写能力(例如增加词汇量或提高写作能力)，重点不是有没有学习动机，而是让学习者听到、读到的内容足够有趣。也就是说，重要的是“故事情节”，即输入的内容。**只要内容确实“引人入胜”，不论学习者想不想增强语言实力，其语言及读写能力都会自然提升。**

背景知识介绍：理解假设(Comprehension Hypothesis)

讲到语言习得及培养读写能力，常有人认为这是“技能培养”(Skill-Building)的结果，第一步是有意识地学习关于语言的知识：就阅读而言，是学习自然拼音法(phonics)；就语言而言，则是学习词汇和语法。第二步则是“练习”新学到的内容：将新学的知识应用在口语和写作上，再在犯错后，借由对错误的纠正，

① 如果所听所读的内容非常有趣，或者引人入胜到令人情不自禁，那么无论我们是否刻意想学语言，都会起到学习的效果。

有意识地深入认识新学到的规则。[2]

许多人并不知道还有其他观点，于是将“技能培养假设”奉为金科玉律。但事实上，还有另一种观点：理解假设。

“理解假设”认为，我们要先理解信息，才会习得语言，发展出读写能力。所谓的“理解信息”，也就是理解自己听到、读到的内容，或者说接收到**“可以理解的输入内容”**（comprehensible input）（Krashen，2003）。语言习得是个潜意识的过程，我们在过程中并不自知，由此发展出的能力也是不知不觉地储存在大脑中。与技能培养假设相比，理解假设的不同之处在于，认为我们是先习得语言、获取可理解的输入内容，再培养出语言的种种要素（也就是语法、词汇之类的“技能”）。[3]

技能培养假设可以说是一种要人先苦后乐的假设，即我们先历经千辛万苦，才可能在遥远的未来拥有语言能力。理解假设则与之相反，要我们**及时行乐**，告诉我们如果想习得语言，重点是输入内容要有趣，这样学习者才会愿意投入注意力。如果想要获得最理想的习得效果，输入的内容不能只是有趣，还必须有趣到“引人入胜”。

---

② 技能培养假设认为：技能的培养是要先有意识地学习，再加以持续练习，直到能够运用自如。

③ 理解假设认为：只要输入内容是可以理解的，技能的培养就是自然而然的结果。

可以理解且引人入胜的输入=心流

前面提过，所谓“引人入胜的输入”指的是**因为输入内容太有趣，从而使学习者忘了这是另一种语言的学习，这种过程可以被视为进入了“心流”**(flow)**状态**(Csikszentmihalyi, 1990)。在心流的状态中，我们会忘记日常生活中的种种琐事，甚至可以达到忘我的境界，我们对时间的感觉会改变，只看得到眼前进行的活动。心流发生在阅读上，也就是进入了所谓**“在书中流连忘返”**(lost in the book)的状态(Nell, 1988)，或者说进入了**“阅读区”**(Reading Zone)(Atwell, 2007)。

有了引人入胜的输入之后，似乎就不需要再谈“动机”(也就是有意识地想要进步)。只要眼前的输入足够引人入胜，无论是否把进步当成目标，学习者都会自然而然地获得进步的效果。

“引人入胜的输入假设”的有力证据之一是，进步常常是无心插柳的结果。这种例子很多，比如有些人压根没想过要刻意提高外语能力或是增强读写能力，不过就是对某些书、电影或电视非常感兴趣，却意外地使得外语能力和读写能力获得了令人惊叹的进步。④

④ 在许多案例中，孩子虽然都是无人教导或并非刻意学习，但语言或读写能力都大有进步，原因正是“引人入胜的输入”。

（1）芬兰小女孩竟然看动画片就学会了英语

尤拉莱德（Jylha-Laide）和科莱纳(Karreinen)（1993）曾提到劳拉（Laura）的例子。劳拉是一个住在芬兰的 10 岁小女孩，她用 4 年时间就获得了令人赞叹的英语能力。

劳拉并没有多么优质的英语学习资源：家里不讲英语，她也没有讲英语的亲戚朋友。不过，她最喜欢看英语儿童节目，每天可以看好几个小时，而且只看她最爱的几个节目，这些节目全是动画片。

她最爱的节目只在周末播出，因此她会把节目录下来，以便平时放学后可以看。她不但把同样的动画片看了一遍又一遍，还喜欢把影片暂停，然后回放那些想再看或是看不懂的地方。由于同样的动画片她反复看，所以片中的许多对话她都烂熟于心。

大概在看动画片一年以后，劳拉开始能说英语。4 年之后，劳拉 10 岁，在英语词汇及听力理解测验中得到的分数已超过初中三年级学生的水平。尤拉莱德和科莱纳也提到，劳拉的英语口音堪称母语级别，一般的英语对话完全没问题。在整体描述（exhaustive description）完劳拉的语法能力后，尤拉莱德和科莱纳认为劳拉对英语语法的掌握接近母语人士。

尤拉莱德和科莱纳也提到，动画片语言在许多方面十分接近父母或保姆照顾小孩时用的语言：

有语境帮助理解，说话速度“相对缓慢”；语法简单，

而且不断重复。（引自《劳拉，再播放一次》p.121）

（2）借由“引人入胜”的系列丛书，加强对民族语言的传承（heritage language）

刘英和克拉生（2008）提到一个12岁男孩丹尼尔的例子。丹尼尔是华裔，8岁时从中国搬到美国。虽然父母送他上中文学校，但他的中文水平还是不断下降，而且显然对中文兴趣索然。在参加由本书作者刘英博士主办的中文暑期课程里，丹尼尔显得不怎么投入。

课程结束时，刘英借给他几本中文书带回家读，其中一本是“阿凡提”系列漫画，丹尼尔爱不释手。刘英得知此事后，又多借了几本同系列的书给他。后面几本虽然内容稍微超出丹尼尔的阅读程度，但还好有插图，再加上有些字可以猜出来，因此依然让丹尼尔深深着迷。丹尼尔拜托妈妈读给他听，于是妈妈每天读两到五个故事。丹尼尔非常喜爱这些故事，愿意主动洗碗，好让妈妈在旁边读故事给他听。对于这样的安排，母子两人都相当满意。

虽然丹尼尔只是单纯地喜欢这些故事，对于“提高中文能力”仍是兴味索然，但他的中文明显有了很大进步，尽管他自己浑然不觉。

（3）因为爱看电视而学会普通话

保罗现在是一个十几岁的青少年，从小生长在美国加州一个说广东话的家庭。父母说广东话，英语也说得十分流利，母亲还会说普通话。祖父母和他们住在一起，用广东话和保罗沟通。

现在，保罗除了会广东话和英语，普通话也说得很不错。如果有说普通话的客人来访，日常会话一般都难不倒他；有时候和家人一起回中国，他的普通话讲得流利又自然。

保罗接触普通话几乎完全是通过大众传播工具，也就是电视和 CD；他没上过正规课程，没进行专门研究，也没和他人有什么互动。他的普通话输入，一开始靠的就是看大量的动画片。在 5 岁的时候，保罗把《哪吒传奇》这部动画片看得滚瓜烂熟；到了 6 岁，看了《三毛流浪记》；8 岁看《西游记》和普通话配音的《丁丁历险记》。等到年龄再大一点儿，他开始在周末和爸爸一起看电影或电视剧，比如《水浒传》《三国演义》《花木兰》。这些中文经典作品就算对以普通话为母语的成年人而言都有难度，但靠着爸爸的解释和生动的故事情节，再加上语言之间有共通之处，保罗竟然看懂了。另外，每天晚上保罗还会和祖父母一起看普通话播报的电视新闻。

保罗和丹尼尔一样，很不喜欢别人“教”他中文，也没有特意提高中文能力的念头，不过就是对故事情节有兴趣罢了。无论是保罗还是丹尼尔，他们的普通话之所以能有所进步，皆因为接触到引人入胜又容易理解的输入内容，普通话进步不过是自然而然出现的副产品。

（4）读到停不下来的青少年

西格尔（Segal，1997）曾提过一个17岁以色列少女莉莉的案例。莉莉当时是高中二年级的学生，她随父母移民南非，在家时与父母讲英语，但她的英语写作问题不少，特别是在拼写、词汇和写作风格上都有待改进。西格尔是莉莉在高中一年级时的老师，早就试过各种方法帮助莉莉：

> 错误订正法（error correction）对莉莉而言完全没用。莉莉试过订正自己的错误，试过过程写作法（process writing），也试过把正确的字词在笔记本上抄写，但都无效。莉莉的作文表达仍然薄弱，词汇能力也很差。我们在写作前会一起讨论作文格式和写作思路，但几乎没什么进步。我每个礼拜给莉莉五个好用的字词来背，为时六周，并在休息时间以不会造成压力的方式进行测验。莉莉一开始的测验结果很好，但等到六周结束，过去拼对的字词又开始拼错了。

此外，莉莉的妈妈还给她请过家教，但帮助不大。

西格尔在莉莉升上高二后，继续当她的老师。新学年刚开始的时候，她布置了一篇作文，结果让人大吃一惊：

> 我看到莉莉的作文，整个人呆住了。这篇作文堪称

完美，没有拼写错误，各个段落语意清楚，观点表达清晰，而且言之成理。此外，她的词汇量也增加了。我一方面赞叹，一方面也有点儿担心。

西格尔后来发现了莉莉英语写作突飞猛进的原因：她在那个暑假变得爱阅读了。莉莉告诉西格尔："我以前不太爱看书，但这个暑假去图书馆，一看就再也停不下来了。"莉莉在高二的学业表现一直保持优异，她也一直保持着阅读的习惯。

（5）因读书而惹上麻烦的"阅读狂热分子"

科恩（Cohen，1997）曾提到，她从 12 岁开始就读于家乡土耳其一所英语中学。这所中学在入学前两年会安排密集的英语课。科恩表示，不过短短两个月，她已经能读英文书，而且"拿得到的英文书我都读，家里本来就有大量的英文藏书……我申请了当地英国文化协会图书馆的借书证，偶尔也会去书店买英文书。初中一年级结束时，我已经成了英文阅读的狂热分子"。

然而，她对阅读的热爱却让她在中学时期惹上一件"不愉快的麻烦"：

有个新来的英语老师，要我们回家写两篇作文。我的作文，她没打分数就发回来，还很生气地要我招供是谁帮我写的。那些就是我自己写的，我连字典都没查呢。但是，她不相信，她用手指着几个画了下划线的句子和词汇，问我是怎么写出来的；那些句子和词汇远远超过当时的课堂进度，而我上课的时候并没认真听讲。这件事对我打击很大，无论是当时还是多年以后，我都无法解释为什么写得出那些词汇和句子，但我就是会啊！

（6）克服阅读障碍

芬克（Fink,1995/96）曾研究12名小时候被认定有阅读障碍、后来反而成了“熟练阅读者”（skilled reader）的人。在这12人中，有9位曾发表深具创意和学术性的作品，有一位还是诺贝尔奖得主。其中11人都表示，自己是在10岁到12岁之间才学会阅读（引自《成功的阅读障碍者》p.273），另外一人则是到了高三才学会阅读。

根据芬克的说法，这些阅读者有许多共通点：

> 他们年纪小的时候，每个人都各有自己的兴趣所在。他们有种强烈的渴望，想要了解某个需要阅读才能进一步深入的学科。受到这股渴望的鞭策，这些人疯狂地阅读，只要是他们感兴趣的主题，找到什么就读什么。（引自《成功的阅读障碍者》pp.274–275）

换句话说就是，他们找到了自己能够读得懂又引人入胜的输入内容。

我们如何习得学术语言

我们认为，学术语言自然习得的例子其实要比教育界以为的更为普遍。事实上，我们大多数人都有过类似的经验。大多数（甚至可以说是全部）读到这里的读者，应该都具备高级学术语言能力。但是，我们当中很少有人真的去“学”学术语言，也很少有人曾经真的刻意去学习那几千个所谓的学术词汇，去深入研究学术写作的写作风格，抑或有意识地研究学术写作所用的语法结构。而我们之所以能掌握学术语言的一种合理假设是：我们不断阅读着自己认为特别有趣的领域的相关内容（Krashen,2012a）。我们之所以阅读这些材料，不是因为想要精通学术语言，不过是对内容感兴趣罢了。[5]

⑤ 学术语言的培养，靠的是自主阅读自己感兴趣领域的内容。

范例阅读——中文暑期班

有一个暑期班曾尝试给学生提供中级程度、可以理解又引人入胜的中文输入，效果非常好。在我们看来，暑期班的这个尝试意义非凡。

这个班每年暑假在美国旧金山举办，为期四周，学生都是初中生。班里的一些孩子，他们跟着父母从中国移民至美国，在美国住了几年后，这些孩子的中文能力开始退化。有些孩子则是以普通话为传承语，平常说英语，曾参加过公立学校的沉浸式普通话教学课程(Mandarin Immersion Program)。

这个暑期班的重点在于提供看得懂又引人入胜的中文输入，这些中文输入以故事形式为主。除了朗读之外，暑期班也为学生安排自由阅读的时间，在现场提供大批有趣的漫画、图画小说(graphic novel)以供选择，也播放由漫画改编的动画片，此外还举行唱歌以及其他能引起学生兴趣的活动(例如烹饪、拍视频)。而这一切使用的都是普通话。

《老夫子》:“全垒打书籍”

崔利斯(Trelease,2001)提出“全垒打书籍”概念，即**某次阅读经历可以启发持续阅读的习惯**。有三项针对英语母语儿童的研究(Von Sprecken et al., 2000; Kim and Krashen,

2000; Ujiie and Krashen, 2002)，它们都证实确实有这种“全垒打书籍”的体验。这三项研究都问了小学生一个问题:“是不是曾有一本书或某一次经历，让你开始对阅读有兴趣?”有50%到80%的孩子表示，确实是某一本书让他们开始对阅读感兴趣。在研究中，研究人员请孩子尽量说出书名。虽然大多数孩子只是说出书名，但也有人会对书加以评论:

“《我们的校长是超人》(*Captain Underpants*)!就是这本书开启了我的阅读兴趣，它太好笑，而且是个冒险故事。”

“让我开始感兴趣的是《线索》(*Clue*)，我以前并不爱读书。”

“《恰卡恰卡碰碰》(*Chicka Chicka Boom Boom*)是我读的第一本书。这之后，我就一直很爱阅读。”

“我一年级读到加菲猫(*Garfield*)系列的书之后，就觉得找到了比电视更棒的东西。”(Von Sprecken et al., p.8)[⑥]

对那些参加中文暑期班的孩子来说，《老夫子》(*Old Master Q*)就是一本“全垒打书籍”。《老夫子》是一部系列漫画，大约有150册，简单易读，甚至很多册根本没有字。暑期班的小朋友几乎人人都爱《老夫子》，老学员还会向新加入的学员推荐。这部漫画实在太受欢迎，甚至被限制外借的数量。

---

⑥ 有时候，只要有一次正面的阅读体验，就足以让人对阅读产生兴趣。

阅读量

从《老夫子》开始，孩子会再去读其他书籍。暑期班鼓励学生把书借回家，但不做强制要求。在2011年暑假，暑期班记录了学生从班级图书角外借回家的书籍数：在暑期班为期四周的时间内，平均每名学生借了将近200本书，每个人借书的总数从100本到650本不等。学生外借的书籍，几乎都是图画小说。对于一群多半还没有熟练掌握中文的孩子来说，阅读兴趣如此高昂，简直不可思议。

参加暑期班之前，只有33%的学生(6/18)表示会为了休闲娱乐而阅读中文读物。参加完暑期班之后，83%的学生(15/18)表示会继续阅读中文读物。

家长们对自己的孩子这么爱读中文感到喜出望外。有位妈妈还曾为此担心，因为老师建议的"家庭作业"是每天读一小时，她的儿子一晚就读了五小时。老师还得解释，规定的"家庭作业"只是要求快乐阅读(pleasure reading)，读了这么久，完全是孩子自己的决定。

有几名学生及其家长注意到了这个暑期班与过去传统中文课程的不同之处。一名学生表示："我参加过三个暑假，或者说大概参加了两年半的时间。我觉得这个班非常棒，因为光是第一个暑假，我学到的基本上就比之前八年每星期六在中文学校学到的还要多。"事实上，有些学生已经从暑期班毕业了，却还是自愿回来，帮助其他学生。

很重要的一点在于，这些学生培养出了我们认为对语言习得的正确看法，从而确保在课程结束后，他们还能继续进步。在暑假即将结束的时候，学生被问到“学中文最好的方法是什么”，他们显然喜欢这种可以理解又引人入胜的输入：

表1 学中文最好的方法

学生意见	人数
阅读	8
看电影	7
听歌	4
唱歌	2
写作	1
使用教科书	1
有鼓励人的环境	1

第二章

提升语言能力的三大阶段

众所周知，设置语言课程的目的是培养学习者拥有比日常对话更高的语言能力，这种层级的能力被称为“学术语言能力”(academic language proficiency) 或“专业用途语言能力”(language for special purposes)。“学术语言能力”这种说法比较常见，本书采用这种说法。当然，并非所有高级语言能力都属于学术领域。

本书所提的语言能力培养方式认为，个人学术语言能力(不论是母语还是第二语言) 的发展分三个阶段，每个阶段都与 CCI (Compelling Comprehensible Input，可以理解且引人入胜的输入) 有关。

第一阶段：听故事，包括朗读

朗读和接触故事对于发展语言能力有两种帮助。第一，提升语言能力，让人在阅读时更容易理解书面文字。举例来说，提升的语言能力包括词汇的增加、语法的扩充和了解文本如何建构，而故事是远比教科书更为丰富的语言来源。第二，故事和朗读能激发读者对书的兴趣(更多细节请见第三章)。[①]

① 听故事能够培养孩子的语言能力，并引发孩子对阅读产生兴趣。

第二阶段：自主阅读

自主阅读，指的是主动自发、自己选择的大量阅读(但不一定要范围很广泛)。自主阅读是日常会话语言与高级学术语言之间的桥梁，这个阶段的阅读能够培养个人看得懂学术内容的能力，帮助获取相关知识。

这一概念呼应着比伯(Biber,1988)的研究结果，他以语言复杂度(linguistic complexity)来分析文本，认为小说的语言复杂度大概介于日常对话与学术文本之间。[2]

第三阶段：专题研读

光靠第二阶段的自主阅读，还无法让人拥有最高语言能力，自主阅读只是提供语言和知识的背景，让人更容易理解学术内容而已。我们认为，进一步的学术能力来自读者就个人深感兴趣的领域大量且集中地阅读学术文本。

确实有证据支持我们的观点，认为学术语言能力多半来自阅读，其他来源只能说稍有贡献。例如，通过课堂互动或听演讲来习得学术语言，成效微乎其微。

比伯(2006)曾提到，课堂上的言谈比较像对话，没那么像学术语言。此外，我们也认为，阅读指定文本或专门学习学术语

---

② 自主阅读是通往高级语言能力的桥梁。

言的效果也不大。[3]

引人入胜的集中阅读

在这三个阶段中，阅读（也就是输入）既引人入胜又符合个人的兴趣。第二阶段和第三阶段通常是孩子自己选择阅读内容的过程。在第一阶段，朗读者和听故事的孩子一起选择引人入胜的故事来朗读。**在每个阶段，阅读或者说输入的范围都十分集中，仅限于读者有兴趣的内容，而不是什么都读，或者什么都只读一点儿。**

三大阶段的目标，绝对不是语言能力的进步。在每个阶段，语言的进步都只是输入过程的副产品，而这正是通过 CCI 实现语言习得的特色。（参见第一章的个案介绍）

范例阅读——作者克拉生的三个阅读阶段

我很清楚自己身为读者的历程，拿来举例再方便不过。我并不避讳把自己的经验拿来佐证，并认为许多习得学术语言风格的人应该也有类似的经验。

---

③ 三大阶段中的任何一个阶段，都不是以语言进步为目标的，但只要听着自己感兴趣的故事，读着感兴趣的文章，语言就会自然而然地进步。

第一阶段

我的学习是从听故事开始的。我生长在一个中产家庭，家中有大量藏书，爸爸、妈妈、姐姐会念故事给我听。此外，学校老师也会念故事给我和同学们听。

第二阶段

我早期自主选择的读物几乎全是漫画。漫画对我的影响，超过我在小学时期看过的所有其他读物。那些漫画几乎全都是超级英雄题材，我和朋友对每个角色的强项与风格了如指掌。我们会争论超人和惊奇队长(Captain Marvel)谁比较强(也就是打起架来谁会赢)；我们都觉得应该给蝙蝠侠额外加分，因为他是靠自己的努力成为超级英雄的，而不是有外在因素赋予他神力。

从 9 岁到 12 岁左右，我看了许多体育题材小说，特别是关于棒球的故事，如约翰·杜尼斯(John R. Tunis)写的系列小说，书里叙述了虚构的布鲁克林道奇队在十年间如何力争上游的故事。当然，球赛本身就很刺激，但书中有关角色性格、每个球员面临挑战、道德上两难困境的描述，精彩程度不亚于球赛。成年之后，我又重读了整个系列的第一本:《汤肯村之子》(*The Kid from Tomkinsville*)，感受到的兴奋激动之情丝毫不逊于我 10 岁第一次捧起这本书那年。

随着时间的推移，我的兴趣从棒球故事延伸到科幻小说，但我的阅读内容仍然十分集中。我专门看艾萨克·阿西莫夫(Isaac Asimov)、雷·布拉德伯里(Ray Bradbury)、罗伯特·海因莱因(Robert Heinlein)，以及我最爱的阿瑟·克拉克(Arthur C. Clarke)的作品。这些作家都十分多产，而我几乎读遍了他们的所有著作。上中学之后，我的阅读情况和读小学时并无不同，不管是小说类还是非小说类，学校指定的读物都对我的阅读没什么影响。我真正的“课程”内容是阿西莫夫的《我，机器人》(*I, Robot*)、海因莱因的《穿上航天服去旅行》(*Have Spacesuit-Will Travel*)和克拉克的《童年的终结》(*Childhood's End*)。④

第三阶段

就算到了学术阅读阶段，我的阅读内容还是和前面的快乐阅读一样，十分集中。我最早出于兴趣阅读的学术领域读物，是诺姆·乔姆斯基(Noam Chomsky)的作品。我在读研究生早期时就发现，如果想好好掌握语言学(这是我当时的研究领域)，最好的办法是按照先后顺序阅读乔姆斯基的所有作品。

像我这样依照写作顺序来读作者的所有作品，会让这些学术性文本更容易理解，也让这些文本似乎变成一种故事、一种叙述

④ 每个阶段还可以再细分成更小的子阶段。每个子阶段都是让读者做好准备，以面对稍微再复杂一些的下一个子阶段。以克拉生的例子来说，就是：漫画的阅读为他之后阅读体育题材小说和科幻小说做好了铺垫。

性文本。这种阅读方式让我看到语法理论发展的过程以及乔姆斯基如何应对理论发展过程中的问题。如此一来，我不只深谙乔姆斯基的风格，也学到了他做科学研究的方法。

硕士阶段接近尾声的时候，我的学术兴趣转向了对大脑和语言的研究。同样，我也是依照先后顺序集中阅读各种我拿得到的研究资料，包括左右脑的区别、双耳分听(dichotic listening，一种研究方法，判断耳朵受到刺激时哪半边的大脑在运作)，以及大脑损伤和失语症。我的阅读习惯一向是从早期的研究开始读起，然后一路往新近文献阅读，而且往往只聚焦在少数几位研究者的著作上。像在双耳分听这个领域，我就聚焦在加拿大西安大略大学(the University of Western Ontario)多琳·木村(Doreen Kimura)教授的研究上。我不知不觉地从她那学到了设计实验的要领、撰写实验报告的学术风格以及如何在一项又一项的实验中，细心稳定地一步一步向前迈进。等读到与这些主题相关的教科书时，我早已从研究报告的阅读中吸收到了相关知识，教科书不过是帮我再次确认这些知识罢了。因此，我之所以能够“获得学术语言能力”，并不是因为学了“学术用途英语”，而是我能够基于自己的目的，自主且集中地阅读。

另一种观点：故事书里的学术词汇

加德纳(Gardner,2004)认为自主阅读多半是休闲阅读，也认为这种阅读的学术词汇不足以让人更了解学术文本。

加德纳这样认为的依据是，他在分析完为英语母语者所写、程度约是五年级水平的叙事文本和说明文本后得出结论，认为这两种文本“在很大程度上并不相似”（are largely dissimilar）(Gardner,2004,p.17)。如果事实确实如此，就代表读故事（叙事文本）并不能提升学生读学术文本（说明文本）的能力，因为故事并没有包含足够的学术词汇〔又称“次专业术语”，如academic（学术的）、absorb（吸收）和abandon（抛弃）〕。

加德纳指出，在他的样本里，说明文本中出现的学术词汇，只有7%是在叙事文本中出现过至少10次的词汇，而研究人员一般认为，10次的出现频率是足以让人习得词汇的频率。

然而，除非要求休闲阅读必须对读者负起一切责任，让读者能够理解读到的所有学术文本中的每个字，否则休闲阅读的学术词汇够不够多，根本不是问题。

这与认为“自主阅读是一座桥梁”的主张有所不同——在“自主阅读是一座桥梁”这种主张里，休闲阅读只是协助读者在阅读学术文本时更容易理解文本。所以，此处该问的问题是：在叙事文本里，是否有足够“可习得”（也就是出现次数超过9次）的学术词汇。这些学术词汇有助于孩子更能理解一般性的学术文本，而不一定是那些他们马上要读的学术文本。

答案是肯定的。在加德纳的样本中，叙事文本包含的可习得的学术词汇共有338个，这个学术词汇量已经十分惊人。

加德纳的叙事文本样本共有100万字，大约是普通的五年级英语母语者一年会阅读到的文字量。这也就意味着，**通过一年的自主阅读，读者能习得约338个学术词汇**。无论这些学术词汇是否出现在孩子当年可能读到的说明文本中，孩子们都会获得货真价实的进步。

加德纳（2008）用少数几位作者撰写的以及主题非常集中的文章或著作，又一次提出类似的主张。而克拉生（2011a）的分析显示，加德纳用来分析的集中阅读文本能让人在一年内习得783个学术词汇，这个数字几乎是加德纳（2004）所使用的文本包含的学术词汇的两倍，由此可以证实集中阅读的优点。⑤

学术语言的复杂度

学术语言十分复杂，难以专门研读或有意识地学习。事实上，对于学术词汇、语法和文本建构，我们甚至无法清楚地加以说明。⑥仅从目前学术研究的阐释，我们就能一窥学术语言的复杂程度。

海兰（Hyland，1996）曾全面讨论过"quite"这个单词有多复杂，从中就能反映出学术词汇的复杂程度。海兰提到，

---

⑤ 第二阶段的"休闲阅读"（特别是"集中"阅读），能让人习得大量学术词汇。

⑥ 学术语言往往过于复杂，不易教学。至今，语言学家仍然无法对学术词汇、语法和文本建构提出一套清楚的分析理论，甚至彼此之间也会意见不合。

“quite”既有“放大”的作用，例如 the results were quite phenomenal（结果相当了不起）；也有“规避”或减轻的效果，例如 he couldn't quite do it（他不太做得到）。但这一切越是整理，越如海兰所言：变得越“模糊”。

“quite”这个单词的意思还有各种变化。例如，随着重音的不同，会有 I QUITE like the idea of walking（我还挺想去散步的，但其实并不想）和 I quite LIKE the idea of walking（我挺想去散步的，而且可能真的会去）；在冠词前后的位置变化，像是 a quite beautiful garden（一座相当美的花园）和 quite a beautiful garden（相当美的一座花园），前者的语气较为肯定，对自己的看法也较有信心。海兰还提到，学校的语法教学或专业语言学家对“quite”归纳出的语法规则并不一致，海兰也指出了他们的不足之处。

海兰列出的数据显示，中国香港特别行政区某大学的二年级商科学生还无法完全掌握“quite”的各种细致用法。但他也承认，“quite”就是有“语用上的复杂性”，无法用一般的方法来教学：

> “……语言学家对于这个字的意义和用途各有说法，这反映出在课堂上很难用教科书习题或以语感为本的语法教学活动让学生清楚地理解这个单词。”（引自《我没有完全领会》p.103）

合理的预测是：比较能了解“quite”这个单词的第二语言习

得者，应该是那些阅读量比较大而且是基于个人兴趣自主阅读学术文本的人。

要找到其他证明学术语言复杂性的例子并不难，不少学者提出过各种解释语法、词汇和文本建构的复杂理论，还建议我们把这些理论教给学生。[7]

不用刻意“学”就能习得学术语言

我们认为，所有成功习得学术语言的人，其实都是在没有刻意“学”的情况下习得的。我们也认为，根本不会有人因为学了“学术用途英语”或“专门用途英语”，就真能有意识地将自己的学术语言提升到多么了不起的程度。

我们不否认，人类确实能够自觉掌握学术语言的某些规律。但正如前面所说，学术语言非常复杂，真能自觉学会的其实只有很小一部分，而且不见得容易运用。我们该做的是找出哪些学术语言真正“可学”，也值得一学。

然而，过去的假设一直认为能抓住学术语言的全貌，并加以教学。这种想法并不是假设，而是被奉为金科玉律，同时被当作“学术用途英语”这个领域的发展根基。但无论是相关研究还是日常经验都告诉我们，习得学术语言其实有更简单的办法。

⑦ 相关文献回顾请参见Swales,1990;Schleppegrell,Achugar,and Oteiza,2004。

第三章

朗读的功效与思考

大量证据都表明，小孩喜欢听故事，喜欢读故事给小孩听的大人也不少(相关文献回顾请参见Krashen，2004)。许多证据也表明，**听故事好处多，它是将母语或第二语言发展至高级读写能力的第一步**。

本节将回顾部分相关证据，同时也会提到朗读的作用可能被过度夸大了，因为在提高某些读写能力方面，用其他的方式或许效果更好。如果我们对朗读有不切实际的要求，可能适得其反。

朗读能够激发阅读兴趣

小孩听到有趣的故事，就会想去读一读。相关研究文献指出，**“讲故事是一座桥梁”**(Wang and Lee，2007)。如果某本书老师已经念过，小孩选来自己读的概率就比较高(Martinez，Roser，Worthy，Strecker,and Gough，1997；Brassell，2003)；有亲子阅读习惯家庭的小孩，自己会读书的情况也比较常见(Lomax，1976；Neuman，1986)。

美国旧金山州立大学的学者刘英于2003年曾请22位准老师回顾自己在儿童及青少年时期的阅读习惯。其中12位准老师说自己小时候“不太喜欢读书”，受成长环境所限，没有办法接触到很多书。这12位准教师里面，只有一位小时候有人念书给他听。另外10位说自己“很早就爱读书”的准老师，则是在他们成长过程中就能接触到很多书，而且这10位都有人念故事给他们听。[①]

下面是一则绝佳案例，讲的是朗读如何激励不爱读书且年龄稍大的孩子，出自吉姆·崔利斯(Jim Trelease)的《朗读手册》(*Read Aloud Handbook*,1995)：

> 哈乐韩老师在学年中期的时候被指派去教六年级某班的后进生。第一次上课，她就开始念故事给学生听，大出学生所料。她念的书是《红色羊齿草的故乡》(*Where the Red Fern Grows*)。
>
> 这班学生多半是男生，血气方刚、早经世故、自尊心很强，认为让他们听故事是一种侮辱。“念什么故事啊？当我们是婴儿还是什么？”他们想知道老师这么做的原因。哈乐韩老师说她绝非此意，只是想和他们分享一个自己喜爱的故事，接着就继续念了下去。
>
> 每天，她一上课就会念一个章节，每天总有人嘟嘟嚷嚷：“又来了！别的老师才不会让我们听故事！”
>
> 哈乐韩老师后来向我承认：“我差点儿就要放弃了。”但她挺住了，几个星期之后(那本书有212页)，学生的反应开始改变，“你今天会念故事吧”或是“老师，别忘了念那本书”。

---

① 朗读活动能够增加独立阅读的兴趣。

她透露:“我知道成功的那一刻，是一个星期五，我们已经快把书念完了，班上一个反应最慢的男生在放学后办了一张借书证，借了一本《红色羊齿草的故乡》，自己把书读完。周一来学校后，他把结局告诉了大家。”

朗读和语言发展：词汇

许多研究指出，朗读对词汇发展大有帮助，相关研究可以参见克拉生(2004)和莱恩(Layne,2015)，以下是部分案例。

范例阅读——幼儿阅读推广计划

幼儿阅读推广计划(Reach Out and Read,ROR)是一项收费便宜、给婴幼儿朗读的计划，成效相当显著。

幼儿阅读推广计划的做法很简单：婴幼儿在候诊室等待儿科医生进行常规检查的时候，医务人员会向婴幼儿的父母展示可以与婴幼儿一起进行的阅读活动(以朗读为重心)，而医务人员和医生也会强调阅读的重要性。每次回诊，这些家庭都会拿到免费的新书。[2]

---

② 幼儿阅读推广计划成本低、执行方便，相对而言成效显著。

幼儿阅读推广计划一般以低收入群体为对象，原因在于多数低收入家庭的孩子能接触到的书比较少，因此这些孩子在词汇量测验上的分数往往低于全美国平均水平。幼儿阅读推广计划的目标正是为了缩小这种差距。

在一项针对 4 岁幼儿的研究（Mendelsohn et al., 2001）中，对参加幼儿阅读推广计划的孩子回诊时，平均只有 3 次让医生和医务人员讨论书籍内容的机会，而且平均每个幼儿只能拿到 4 本图书。

然而，这些孩子在词汇上的进步十分惊人，比起情况类似的孩子，他们在词汇量测验上得到的分数更接近全国平均水平：未参加幼儿阅读推广计划的对照组孩子，分数比全国平均水平低了 14%，足足有一个标准偏差；但参加幼儿阅读推广计划的孩子，分数只比全国平均水平低了 6%，不到半个标准偏差。换句话说，参加幼儿阅读推广计划的孩子与全国平均水平的差距已经缩小了一半。（相关文献回顾请参见 Krashen，2011b）

范例阅读——外语学习

潘妮是一名中国台湾的二年级小朋友，对她而言，英语是一门外语（English as a Foreign Language, EFL）。而李孟勋、李思颖和克拉生（2014）的研究提到，光是靠短期朗读和讨论故事内容就让潘妮的词汇量有了长足的增加。潘妮在一个月内完成了八堂课，包括聆听、讨论和重述故事。当她无法理解输入内容的时候，老师偶尔会用中文向她解释。

该研究指出，潘妮在 10 小时内习得 49 个单词，平均一小时 4.9 个单词，这与她平常在英语课堂上接受教学而直接学习词汇的速度相比，大约快了 10 倍。③

语法、听力、文本建构及世界知识

乔姆斯基(1972) 指出，对学龄初期孩子(6 岁) 而言，句法能力发展与其听过多少内容有关。发展程度最高的 6 岁孩子，一周听到朗读的词汇有 17,500 个单词。至于发展程度最低的孩子，则是完全没有人朗读给他们听。

既然有证据表明朗读有助于语法和词汇发展，不难想象，**从听故事的频率，就足以预测一个人的听力理解程度**(Senechal and LeFevre, 2002) **和阅读理解程度**(Bus,Van Ijzendoorn and Pellegrini 1995; Blok, 1999)。④

听故事也能以其他方式促进阅读能力：听过更多故事的孩子(特别是经由朗读听故事)，更能体会到文章(特别是故事) 是如

③ 学习英语的时候，潘妮这名二年级的小朋友，只是听人讲一些她听得懂的故事，就能每小时学会5个英文单词。

④ 听故事的好处还包括学会语法、文本建构，学到知识。

何建构的，并从中习得“故事的语法”；他们也会从听到的故事中学到更多关于世界的知识。等到这些孩子开始阅读，这两项因素都会让他们更能理解文章的内容。

故事书 vs.教科书

谢明宜、王费渝和李思颖(2011)在中国台湾做了调查，将念给孩子听的英文故事书与孩子在英语课堂上所使用的教科书比较，研究两者语言上的差异。结果发现，故事书无论是词汇、句法还是日常表达方面，都远比学校教科书更为丰富，当然内容也更有趣。

表 1 就是他们的部分研究结果：在四年间用来朗读给孩子听的 65 本故事书里，实词(content word)的数量足足是教科书的 2.5 倍，每种词类的词汇数目也远远胜出。

表1 出现在故事书和教科书中的名词、动词和形容词

读物	名词	动词	形容词	不同实词的总个数
故事书	1073	364	272	1709
H 版教科书	502	128	70	700
J 版教科书	579	145	76	800
L 版教科书	441	102	71	614

数据来源：谢明宜、王费渝和李思颖（2011）

对比故事书和教科书所用的句子，会发现故事书的语言“比较接近一般人对事物和情感的日常描述，因此更为有趣”(2009)。

表2比较的是教科书和故事书里的陈述句用法。通过比较会发现，“在教科书中，句子的表达不灵活且呆板。而故事书的句子则有更为丰富的表达和情节脉络，句子更加有趣、更易理解；同时，故事书里的句子也提供了更多语言习得可用的输入内容，不仅是句型，还包括词汇和其他语法方面的输入”。[5]

举例来说，H版教科书单独呈现了“The milk is hot”(牛奶是热的)这个句子。这种呈现方式完全没有提供情境以使得这个句子变得有趣或可以理解，它唯一的作用就是教句型。

比较之下，故事书《温妮去海边》(*Winnie at the Seaside*)提到的句子是“It was a very hot summer”(这是个很热的夏天)，不仅呈现了“hot”的意义，也让学生有机会了解过去式和修饰词“very”的用法。最重要的是，这是一个和海边有关的故事，因而意味着有情境让学生更看得懂这个句子，当然也更有趣。这个例子以及其他几个类似的范例，都整理在表2中。

---

⑤ 故事书提供的输入内容远比教科书提供的输入内容丰富。

表2 不同“陈述句”的比较

陈述句	三个教科书版本	65本故事书
字词使用	The milk is hot. （H版教科书）	It was a very hot summer. (*Winnie at the Seaside*)
感受	I'm hungry. （H 版教科书）	I was real scared.(*Just a Bully*) Miki began to feel uneasy. (*Miki's First Errand*) Elmo doesn't feel sick. (*Elmo*)
能力或可能性	He can draw. （J 版教科书） Can you dance? Yes, I can./ No, I can't. （L版教科书）	I can sail my boat.(*All by Myself*) He can't climb up.It's much too steep. (*Fix It, Duck*)
星期几	What day is it? It's Friday. （J 版教科书）	Wednesday is bath day for the pigs. (*Giggle, Giggle, Quack*)
惊讶		And you are not going to believe it. (*The True Story of the 3 Little Pigs*)
其他复杂句型		It was time for baseball to start. (*Just a Baseball Game*) Pink is a princess's favorite color. (*The Princess and the Potty*)

数据来源：李思颖、谢明宜和王费渝（2009）

李思颖等人也针对各种疑问句型提出类似的例子，结论是“与真正的故事书相比，教科书在语法和词汇的呈现方式上比较单一。故事书的呈现方式更为丰富，表现手法也更为有趣、更易理解”。

朗读法效果较差的方面

一般而言，“早期读写能力”(emergent literacy skill)指的是以下几个方面的阅读能力：“文字意识”(print awareness)，包括对字母和字母组合的认识以及通过测验展现对“书写文字”(words in print，知道文字是由空格隔开)的了解；“断词”(word segmentation，知道一句话里有多少个字)；“文字辨识”(print recognition，能够分辨图文)以及“文字概念”(print concepts，例如知道书名在哪里)。

这些术语让人眼花缭乱，希望表 3 能让读者稍微明白一些。

表3 萌发读写能力

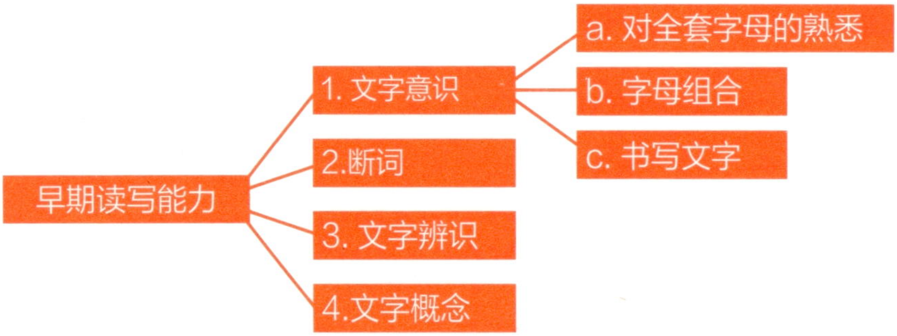

一般认为，要先有早期读写能力，才能发展出音素意识(phonemic awareness)、字母拼读、字母拼写等能力，接着才能学习如何阅读。然而，有充分的证据表明，有了音素意识、字母拼读和字母拼写等能力后，看到的只是独立呈现的字词能够

发音，却无法提高理解文章的能力(Garan，2001；Krashen，2001；Krashen，2009)。[6]

朗读无益于儿童发展早期读写能力

塞尼查尔(Senechal)和勒费夫尔(LeFevre)(2002)发现，一年级刚开始的时候，听故事的频率和早期读写能力的发展之间并无相关性(参见以下讨论：Bus，Van Ijzendoorn，and Pellegrini，1995)。这点其实很合理，因为听故事的时候，故事内容最重要，我们甚至不见得时时会看到文字，因此就不可能把识字作为重点。[7]

某些学者对这种结果很失望，于是用了一些办法，希望能让朗读和早期读写能力之间产生联系。特别是在一系列针对4岁孩子的研究中，声称如果朗读者在朗读过程中暂时打断故事，然后引导孩子注意文字，就能让孩子更快培养出早期读写能力(Justice and Ezell，2000，2002；Justice，Kaderavek，Fan，Sofka，and Hunt，2009；Justice，McGinty，Piasta，Kaderavek，and Fan，2010)。这里的打断包括问问题和做评论。例如："我该念这一页的哪里呢？你认识这个字母吗？这个字

⑥ 研究显示，"文字意识"这种"早期读写能力"确实是自动自发地"萌发"出来的，这是真正的阅读活动产生的结果，而非原因。

⑦ 儿童会自然而然地注意故事情节，而不是文字细节。

很重要。”

仔细回顾这些研究，会发现：**“打断”确实能发展孩子某些早期读写能力，但并非全部**(Krashen, 2013)。最重要的是，似乎只要孩子能接触到文字，就算不去“教”，他们也能习得这些能力，而且是很早就能习得。举例来说，特意打断故事，要求孩子注意文字，这种行为对于测验“书写文字”(也就是知道文字是由空格隔开)有很强的效果。但到了一年级，几乎没有孩子不知道英文是用空格隔开的，英文“字”的概念在一年级的时候其实已在孩子脑海中牢固建立(Knight and Fischer, 1994)。[8]

与这项观察有一致结论的事实是，这些研究中的对照组孩子也提高了读写能力，而且进步幅度并不亚于实验组(也就是会被“打断”的组别)。很多时候，实验组在测验中只是多做对了几道题，两组成绩相差的百分比并不大。

打断的危险

在贾斯蒂斯(Justice)等人(2000)的研究中，常常运用打断的做法：出言打断(关于文字，提出问题或作出评论)，大概每分钟4次；非言语的指引参照(指向文字)，每分钟将近11次。将两者相加，则意味着将故事念给实验组的学生听时，几乎每4秒他

⑧ 与不加干涉的情况相比，朗读时要求孩子对文字多加注意，确实可能会加速某些早期读写能力的发展。

们就会被打断一次。相对而言，对照组的孩子几乎不会有任何对文字言语评论的时候，非言语的指引参照大概也只是每分钟 4 次。

贾斯蒂斯和埃泽尔(Ezell)(2000)由此简单提及，太过注重文字，可能会减少孩子听故事的乐趣。

> "……有些家长太想一边读一边指引孩子看文字。……值得一提的是，这些方法如果运用过度，可能会减少孩子与父母共读故事书时的乐趣。"(引自《父母在家提升孩子的书写和语言意识》p. 266)

类似这样的评论，在其他关于"打断听故事"的研究里只字未提，而且其他研究也丝毫没有讨论孩子对于被打断的反应；除了上述援引的这一小段文字之外，其他研究完全没提到把重点放在文字上是否会让孩子读故事时分心、不能完全享受故事或降低听其他故事的兴趣。[9]

培养孩子对故事、图书本身的兴趣，是发展孩子读写能力的重要举措。因为阅读故事能够培养孩子自主阅读的兴趣，而持续的自主阅读又能确保孩子读写能力的持续发展。**如果不断地强调文字，反而会"减少孩子与父母共读故事书时的乐趣"。也就是说，在朗读时，如果过多地强调文字，其实不利于培养孩子的读写能力。**

⑨ 太过强调文字，可能会造成孩子对故事本身不够专注。

结论

朗读活动非常有助于提高孩子的高级读写能力：从现有的证据来看，**朗读给孩子听，能让他们习得词汇和语法，得到关于文本建构的知识，也能提升他们对世界的认知**。孩子喜欢听人讲故事，听故事也能增加他们对阅读的兴趣。

此外，朗读给小孩听并不需要什么花费，只要有一本好的故事书和愿意朗读故事的人，加上朗读者对故事有兴趣且关心小孩的成长，这样就足够了。

导致朗读效果不好的情况是，用朗读去做一些原本就不该由朗读做的事，也就是用朗读去培养低水平的读写技能。如果调整了朗读的做法，加入了为早期读写能力而设计的活动，极有可能减少孩子听故事的乐趣，相应也会降低朗读的效果。**我们完全用不着加入这些多此一举的打断动作，孩子其实能自然而然地学到这些技能。**

附 录

另一个观点

针对朗读给学龄前儿童听的频率，巴斯(Bus)、凡伊森堂(Van Ijzendoorn)和佩莱格里尼(Pellegrini)(1995)对相关研究进行了元分析(meta-analysis)。结果显示，朗读的频率能促进孩子早期读写能力的发展，而且效果颇为显著。这与本章意见不同。

表4 朗读的效果

测量目标	n	效应量
语言	16	0.67
早期读写能力	16	0.58
书籍阅读	9	0.55

语言 = 词汇量，根据伊利诺斯心理语言能力测验(Illinois Test of Psycholinguistic Abilities)结果判定；

早期读写能力 = 认读或书写自己的姓名、认读字母、音素拼读(phoneme blending)；

书籍阅读 = 学龄期的读写能力。

巴斯等人并未指出，在其参考书目所列的16项研究中，有哪些是用来计算早期读写能力的效应量。查看巴斯等人所列的研究后(在他们文中的表1)，我们找出其中有13项研究可能符合(有些研究提到的结果不止一项，也就是进行了超过一项的早期读写能力测验)。而在这13项研究中，早期读写能力的效应量是0.57，几乎与他们文中的表格(即上方所列的表4)完全相同。

在这13项比较研究中，有三项研究测量早期读写能力的项目涵盖了阅读测验。我们有充分的理由怀疑，是这个因素造成效应量变大。其中在麦考密克(McCormick)和梅森(Mason)(1986)的研究中，综合测验产生的效应量是0.87。但在一项单独的附属研究中，构成早期读写能力的次因子产生的效应量较小(字母=0.29；拼写=0.19；文字辨识=0.08)，故事因子的效应量则是0.94。如果删去使用综合测验的三项研究，关于早期读写能力的整体效应量会从0.57降到0.44。

欧文(Irwin，1960)得出的研究结果显然是异常值，效应量非常大。受试者非常年幼(不到2岁)，所用的测验也不寻常，测的是受试者在规定时间内发出的音素数目。如果删去这项研究，平均的效应量就会从0.57降到0.32。这样一来，巴斯等人的结果也就比较接近我们的假设，即朗读对于培养早期读写能力并没有多大的影响，相关数据参见表5。

表5　调整后的朗读效果

早期读写能力	n	效应量
所有研究	13	0.57
删去含有阅读的综合测验	10	0.44
删去异常值	9	0.32

备注：在梅森和邓宁（Dunning）（1986）这一份未发表的论文中，表5分析中所用的结果只测试了5岁大的孩子。

第四章

自选读物阅读

自选读物阅读，就是**想读什么就读什么**。一般而言，自主阅读的读物属于休闲读物，这类读物既不刻意提供信息，也不特意为了让人有所提升。无论普通民众还是教育工作者，一向并未正视休闲阅读的价值，甚至还常常看不起休闲阅读。①

看不起休闲读物

内尔(Nell，1988)曾表示，对于休闲阅读的轻视由来已久，从几世纪前写给老百姓看的小说便已开始。包括柯尔律治(Coleridge)在内的评论家，都批评阅读休闲读物只是“做白日梦”(Nell，1988 文献 p.28)，有些人甚至声称阅读休闲读物会让大脑“因为缺乏使用而萎缩”(Altick)(Nell，1988 文献 p.29)。

在一篇题为《青少年小说滥用之恶》(*The evil of unlimited freedom in the use of juvenile fiction*)的文章中，图书馆员比恩(Bean，1879)声称学生这种“对书籍疯狂”的行为，造成了学生“心不在焉、不切实际、厌恶学习、记忆减退”以及“不顾对家庭和学校应担负的责任”(p.347)。关于这些声明，比恩完全没有提出任何证据，但当时很多人都和她所见略同。格拉夫(Graff，1979)在讨论“读写能力的道德根基”时，提及周报《基督教卫报》(*The Christian Guardian*)1850 年 7 月 31 日的社论表示“教育

① 自选读物阅读=因为自己想读，所以就去阅读。

至关重要之处……莫过于选择合适的书籍……而纵情遂欲之甚者，也莫过于细读徒增兴奋的小说……（小说）本质邪恶且误人”[②]（引自《书写迷思》p.39）。

许多读者不假思索地接受了这种态度。内尔（1990）指出，他研究喜欢看休闲读物的成人读者，发现这些读者觉得自己为了休闲而读的书有一半是“垃圾”。

漫画常常成为被鄙夷的对象：沃瑟姆（Wertham，1954）的《诱惑纯真》（*Seduction of the Innocent*）就在没有合理证据的情况下，断言看漫画有碍阅读的深入及语言能力的发展。沃瑟姆声称，“严重的阅读困难，与大量的漫画阅读是结伴同行的，漫画非但无法帮助阅读，更是导致和加重孩子阅读障碍的原因”（引自《诱惑纯真》p.130）。

然而，**想发展出高级语言能力和读写能力，自选读物阅读正是必要的元素**，是这段学习旅程中的关键部分。自选读物阅读就像一座桥，将“会话式”的语言能力连接到更高级的阅读能力，也就是学术语言的能力。

---

② 大家常常对自选读物阅读多有轻视，但自选读物阅读其实是通往更高级语言能力的重要过程。

为兴趣而读

前面的章节有提到，目前讲到语言习得，最合理的假设是我们大致通过**“理解信息”**来习得语言，也就是要理解我们所听、所读的内容(Krashen,1982)。发展读写能力也是一样：我们是靠着阅读才培养出阅读能力、写作能力，认识不常用的字，学到大部分的拼写技能以及能够使用并了解复杂的语法(Flurkey and Xu，2003；Smith，2004；Krashen，2004)。

常识告诉我们，阅读的内容必须有趣，才会让读者注意到信息内容，才能产生正面影响。我们曾在第一章提出，如果阅读的内容能够不仅有趣，还能达到“引人入胜”的程度，就更有助于读写能力的发展。因为到了这种程度，读者在意的只是故事或信息本身，从而会“在书中流连忘返”。**只要阅读的内容足够引人入胜，学生不用逼，也会自己去读书。**[3]

只要我们是因兴趣读书(也包括杂志、漫画和博客)，当然书中的内容对我们而言是能够理解且有趣的(否则我们压根不会去读)，那么这些书很有可能达到了“引人入胜”的程度。

---

③ 最能鼓励阅读的方式就是，提供引人入胜的阅读材料。

相关研究：持续默读

持续默读(sustained silent reading，SSR)，指的是每天留出一小段时间(通常是 10 ～ 15 分钟)，让学生在学校读任何他们想看的读物。**读物完全由学生自主选择，而且这样的阅读几乎没有任何附加条件**。也就是说，老师不会测验阅读内容，学生也不用交什么读书心得、读书报告或内容介绍。研究结果显示，这些学生在阅读、写作和词汇测验的成绩，一直与未安排持续默读的学生不相上下，甚至更高(Krashen，2004，2007)。

在学校，自选读物阅读在中文读物的效果，比起付诸于英文读物的效果毫不逊色。Tse、Xiao、Ko、Lam、Hui 和 Ng (2014) 曾发表过一篇报告，报告的研究对象是一群在中国台湾和中国香港特别行政区读四年级的学生。报告指出，那些在学校常常参与自主阅读活动的学生，在 2006 年的 PIRLS 测验中得分较高；这项研究控制的变量包括：学生的阅读态度、家长的阅读态度、家庭的教育资源、学生在校外的信息阅读量及其在课堂上的阅读量。

特别值得一提的是，近年出现大量研究，讨论持续默读应用在第二语言习得的情形，其中以沃里克・埃利(Warwick Elley)等人在斐济群岛、纽埃岛(Niue)、新加坡的研究为发端(Elley and Mangubhai，1983；Elley，1991)。目前已证实，无论参与者的能力、教育水平是否相同，甚至有的地理位置差异极大，持续默读都同样有效。若要回顾此项大规模研究，请参见 Krashen，2007；Nakanishi，2014；Cho and Krashen，2015；若要参见其他相关研究，可以在以下网页查找：www.sdkrashen.net，http://web.ntpu.edu.tw/~lwen/publications.html，http://ks-cho.net/，http://ksmith.bravesites.com/，www.benikomaso.net/。

持续默读有助于语言能力的提高，这已经是教育研究领域得出的确切结果。

范例阅读——自选读物阅读提升学习力

许多读写能力极高的人表示，是自选读物阅读使他们在学校获得优异成绩，并且培养出自己的高级读写能力。以下是例子：

杰弗里·卡纳达（Geoffrey Canada,1995）告诉我们："我以前就爱读书，我妈妈也非常爱阅读，她读完的小说会拿给我读。这种良好的阅读基础，让我在大部分课堂读起书来都比较轻松。"（引自《拳棍刀枪》p.89）

理查德·赖特（Richard Wright,1966）也说，是小说让他成为作家的，"我一开始就很想写作，但当时连英语都不懂。我买过英语语法书，不过觉得实在是太无聊了。想起来，我的英语语感之所以能变得更好，更多的是得益于小说，而不是语法"。（引自《黑孩子》p.275）

林淑媛、Shin和克拉生（2007）曾提及高中生苏菲雅的案例，她的阅读分数在整个学年里不断下滑，在暑假期间却不断上升。苏菲雅原本是个以英语为第二语言的学生，六年级时全家搬到美国。她每个暑假平均会读 50 本书，全部都是自己挑选的小说，如《少女妙探》(*Nancy Drew*)、《甜蜜高谷》(*Sweet Valley High*) 和《克丽斯蒂・米勒》(*Christy Miller*) 等小说。暑假时的自主阅读使得苏菲雅的阅读分数不断上升，在学校期间她却因缺乏自主阅读的时间而导致分数下滑。

梅森(Mason,2006) 以英语为外语的学生做了一项研究。那些能够自主阅读并广泛读书的学生，他们虽然读的是不同的书籍，但在托福(TOEFL) 测验(一种学术语言测验) 中都会大有长进。这些学生在托福的每个项目(听力、语法、阅读) 都有进步，而且进步幅度几乎和那些全天密集上托福备考班的学生完全相同。

梅森(2011，2013a，2013b) 还有另一项研究，也是针对一群原本以英语为外语的学生的。梅森安排他们在为期 9 周到 1 年的时间内以自选读物阅读为主，最后他们的托业(Test of English for International Communication，TOEIC) 测验成绩也有相应的提高。

相关性研究：自选读物阅读与词汇发展

拥有丰富自选读物阅读经历(某项研究的用词是“课外阅读”) 的第二语言习得者，在许多测验中的成绩表现都不错，其中就包括托福测验。在多变量研究中，自选读物阅读一直是预测学术语言能力的重要变量，也比其他变量更能预测未来成就（Gradman and Hanania，1991；Stokes，Krashen，and Kartchner，1998；Constantino，Lee，Cho，and Krashen，1997；Lee，2005）。在中文为母语的阅读研究中，也得到了类似结果：李思颖（1996）研究了中国台湾受访高中生中文休闲读物的阅读量与他们标准中文写作测验成绩的关系，发现两者呈现并不显著的正相关关系（Lee and Krashen，1996）。此外，舒华、张厚粲和安德森（Anderson）（1995）也发现，在北京受访的三年级和五年级学生中，如果课外阅读量较多，他们在“难词”的词汇测验中得分也较高。

阅读对词汇习得和写作都有积极影响。赫德里克（Hedrick）和坎宁安（Cunningham）（2002）针对美国儿童的研究发现：三年级学生的阅读量是听力测验成绩的显著预测变量。也就是说，阅读对提高语言的听力能力也有积极作用。

一项近期研究通过分析超过 9,500 位英国参与者的资料后（Sullivan and Brown,2014）发现，成人的阅读量与词汇拓展有很大关系。沙利文（Sullivan）和布朗（Brown）（2014）指出，受访者如果曾在儿童时期及 16 岁时有较多阅读经历，词汇量会比较高。但是，用 42 岁时的阅读量所预测的词汇量，则不受先前阅读量的影响。换句话说，成人后的持续阅读还是有效果的。**不管在哪个年龄，人们都能通过阅读培养语言和读写能力。**

沙利文和布朗也指出，如果不考虑阅读行为，父母的社会阶级是孩子词汇量的重要预测变量。不过，一旦将阅读这个预测变量加入分析，父母的社会阶级就不再是重要的预测变量。也就是说，**至少在一定程度上，阅读可以克服贫穷的部分影响**（可以参见第七章对PIRLS测验结果的讨论，结果十分相似）。[4]

阅读与测验的研究

说到提高词汇量，或是说阅读能够提供我们需要的一切词汇，关键的证据来自“阅读与测验”的研究。在该研究中，受试者被安排阅读一段包含生词的段落，但不会要求他们将注意力放在生词上，接着再出其不意地安排受试者进行生词测验。

美国伊利诺伊大学在20世纪80年代的研究（Nagy，Herman，and Anderson，1985；Nagy，Anderson，and Herman，1987），可谓阅读与测验研究的经典之作。伊利诺伊大学的研究人员以小学生为受试者，以小学教科书为研究文本。研究人员对于词汇知识的测试有一项重要特点：他们能敏锐地判断这些受试者是否只知道目标词汇的部分语义。纳吉（Nagy）等人（1985）从他们的研究资料中得出结论，如果读者读到某个以书面文字形式出现的生词，通常会伴随着“词汇知识方面微小但可靠的提升”（引自《字汇知识的深度与广度》p.26），而这样的提升足以构成词汇习得。

辜玉旻和安德森（2001）也发现，中国台湾的四年级学生如果

---

④ 多种研究都证实了自选读物阅读的价值，此结论具备“聚合效度”（covergent validity）。

在阅读文章时看到某个不认识的汉字，他们在考试测验时辨识出该汉字的能力会稍有提升。英语母语者在阅读英文文章时看到生字，也会有类似识字能力提高的情形。只要阅读量足够大，这样的“稍有提升”足以形成文字知识（character knowledge），从而证实了阅读正是文字知识的主要来源这一论断。[5]

自选读物阅读量越大，知道的也越多

许多研究证实，自选读物阅读量越大的人，知道的也越多。一些重要研究指出，自选读物阅读有助于扩展知识，无论是与文学或历史有关的知识（Stanovich and Cunningham, 1992），还是科学或社会研究方面的知识（Stanovich and Cunningham, 1993），抑或是更实用的知识（practical knowledge）（Stanovich and Cunningham, 1993）。有研究者整理了许多与创造力发展有关的研究，得出的结论是“儿童及青少年时期兴趣广泛的阅读，与最后成人时期的成功呈正相关的关系”（引自《科学天才》p.11）。

⑤ 也就是说，读得越多，懂得也越多。

指定阅读

几乎不分男女老幼，大家都宁愿自己选择阅读材料，而不是去读推荐或指定读物(Carlsen and Sherrill，1988)：美国学乐出版社(Scholastic)访问不少5～17岁的学生，有91%认同“我最喜欢的书，是那些我自己挑的书”(Scholastic,2015)；而参与持续默读课堂的学生，一般也认为持续默读比传统教学有趣得多(Krashen,2004)。小孩对于大人所认为的“优质文学”其实不太在意，那些由大人选出的“获奖书籍”，很少会进入小孩选出的最爱书籍排行榜，或出现在图书馆的儿童借阅排行榜上(Lamme，1974；Ujiie and Krashen，2005，2006)。

李思颖的一系列研究显示，在学习外语的情境下，虽然老师指定的读物一般被认为是适合学生阅读且能够引起学生兴趣的读物，**但自选读物阅读对语言及读写能力发展的效果，还是比指定阅读更好一些**(Lee，2007)。

当然，还是有许多读者对于推荐阅读的书籍兴致勃勃，这种情况表示推荐符合读者的阅读需求：难度水平刚好，主题也合适(Cho and Krashen，1994)。有些时候，就连被逼着阅读也会有功效。但如果能给予读者一点选择的权利，效果则变得更好。例如，卡森(Carson，1990)的母亲要求卡森每周读3本书，但可以由他自己选书。因为有了自己进行选择的过程，就更有可能让阅读成为有趣的事。[6]

只读自主选择的读物?

提倡自选读物阅读，并不代表排斥文学研究。文学研究仍然是语言艺术教学的核心：文学是一种应用哲学，探讨伦理道德的问题(我们该有怎样的行为举止)，以及形而上学的问题(我们在这里做什么)，而这些哲学问题用故事来呈现常常会比较清楚。因此，**文学研究就像是一个认真且深入解决问题的过程，能够带来认知及读写能力上的进步**。

另外，在文学课上接触各种书籍，应该会促成更多的自选读物阅读。如同前面所强调的，只有在条件刚好的情况下，推荐阅读或指定阅读才能发挥功效。

研读文学的一些建议

目前，已经有人提出试着用自主选择读物的方式来进行文学研究，这是非常好的建议。当然，看到相关课程的叙述，也让人十分开心。

像在《书语者》(The Book Whisperer)当中，米勒(Miller,

⑥ 自主阅读和文学研究是天生一对、互为补充的，《书语者》一书的部分目标是将两者结合的一种方式。

2009）就提出了她的实践计划，虽然该计划是专为美国中学程度的“英语语言艺术”（English Language Arts）课程学生设计的，但也适用于许多语言教学课程。这堂课的教学重点在于文学，但学生可以自己选择想要看的书。举例来说，如果主题是历史小说，学生可以自己选择一本或多本要读的历史小说。这样一来，可以确保学生至少有一定程度的阅读兴趣，而且因为每个人的阅读经验不一样，更能激发课堂上的讨论。米勒表示，她的这种课程每学年要求学生读40本书，而读了这40本书的学生，往往还会读更多的书。

阿特韦尔（Atwell，2007）也提到一门类似的实践课程，实践的结果是让学生进入一种“阅读区”的状态，也就是在阅读内容很引人入胜时，达到完全吸收内容的境界。

第五章

他们会不会只读垃圾读物？

我们已经在前面的章节证明，如果让学生自主选择读物，无论母语还是第二语言都会有明显的进步。

然而，自选读物阅读也存在一些问题。部分教育工作者和家长担心，如果让学生读他们爱读的书，学生就会丢掉那些高质量的文学，对经典和非小说类读物毫无兴趣。目前，没有证据证明这种休闲阅读会不利于语言及读写能力的发展：事实上，研究显示，**自选读物阅读能够培养出相当不错的语言和读写能力**。但我们也想知道，那些自主选择读物大量阅读的人，选的读物是否确实质量不高？关于这个问题，我们唯一查到的相关文献是斯库诺弗（Schoonover，1938）的研究，他提到参与自选读物阅读课程的人，最后选择的读物是连专家都普遍认定为好书的读物。[①]

石头汤悦读校园联盟

为了了解自选读物阅读时会读好书这一结论是否属实，我们以安徽省合肥市曾参与"石头汤悦读计划"的一群初中一年级学生为研究对象，将他们与从传统学校升上初一的学生做比较。

实验组的学生就读的小学曾加入陈一心家族慈善基金赞助的"石头汤悦读校园联盟"（Stone Soup Happy Reading

① 虽然休闲读物有其好处，我们还是想知道年轻读者最后会不会读一些比较严肃的文学作品。

Alliance, SSHRA)计划。正如戈登(Gordon, 2014)详述的,石头汤悦读计划提供每日30分钟自主选择读物阅读的时间、定期的朗读活动(包括校长向学生朗读故事)以及相当多样的读写活动。最重要的是让书籍随处可见,不只教室、图书馆,就连走廊也摆放着图书。[②]

我们这项研究希望调查的是:与毕业于其他学校的对照组学生相比,石头汤悦读计划的毕业生是否比较不喜欢读经典作品,而比较喜欢读快餐文学和漫画。

该研究同时也想了解,参与过石头汤悦读计划的学生,在项目结束后对于阅读是否抱有比较积极的态度。

样本数据

研究以问卷形式调查学生的阅读偏好,最后共有7个班的学生完成问卷,样本数列于下方的表1。

表1 样本大小

班级	样本数	对照组
1	14	18
2	16	17
3	22	20
4	17	19

② 我们比较了两类学生:一类是经过大量自选读物阅读的"石头汤"毕业生,另一类则是来自其他学校的阅读文化背景一般的学生。

续表

班级	样本数	对照组
5	8	16
6	13	23
7	10	10

问卷内容如下所示：

对于下列各种书籍杂志，你的喜好程度如何？

1. 图画书　①非常感兴趣②颇感兴趣③没兴趣
2. 漫画　①非常感兴趣②颇感兴趣③没兴趣
3. 小说　①非常感兴趣②颇感兴趣③没兴趣
4. 诗集　①非常感兴趣②颇感兴趣③没兴趣
5. 经典文学　①非常感兴趣②颇感兴趣③没兴趣
6. 教科书　①非常感兴趣②颇感兴趣③没兴趣
7. 休闲娱乐生活类杂志　①非常感兴趣②颇感兴趣③没兴趣
8. 信息科学类书籍 / 杂志　①非常感兴趣②颇感兴趣③没兴趣

学生如果选择“非常感兴趣”则得 1 分，“颇感兴趣”得 2 分，“没兴趣”得 3 分。因此，分数越低表示越有兴趣。

统计结果

表2　各种文类的平均数（综合各班结果）

文类	石头汤	对照组	效应量（d值）
经典文学	1.58（0.25）	1.76（0.36）	0.59
教科书	1.98（0.32）	1.84（0.25）	-0.32
诗集	1.98（0.2）	1.98（0.15）	0
小说	1.57（0.36）	1.73（0.31）	0.48
信息科学类	1.57（0.18）	1.67（0.19）	0.54
休闲娱乐生活类	1.89（0.33）	2.04（0.34）	0.45
漫画	2.08（0.16）	2.29（0.16）	1.31
图画书	2.34（0.16）	2.5（0.12）	0.61

表 2 中有一栏标题为统计学上的效应量，这项数据十分实用，正如字面所言，它是衡量研究项目效应大小的指标。效应量越大，代表石头汤悦读计划的成员对某种文类的兴趣要比对照组高出越多。效应量 0.2 属于低度，0.5 属于中度，0.8 则属于高度。

表 2 告诉我们，石头汤悦读计划成员除了在诗集文类与对照组不相上下，在教科书文类比对照组兴趣稍低之外，对于其他文类的兴趣都要高于对照组。

如表 2 所示，两组学生的兴趣呈现相同趋势，小说、信息科学类书籍 / 杂志和经典文学是最受欢迎的文类，而图画书和漫画则是最不受欢迎的文类。

石头汤悦读计划毕业生的给分与对照组学生的给分高度相关(r=0.92)：石头汤毕业生最喜欢的文类，同时也是对照组学生最喜欢的文类。此外，回答的变异性(标准偏差)很小。从这两项统计结果可以看出，该研究的调查结果十分稳定(信度高)。

与对照组学生比较

表2的各种文类是依据图书的严肃程度排序的，经典文学被认为是最严肃的文类，图画书则是最休闲的文类。[③]

无论是最休闲的文类还是最严肃的文类，石头汤毕业生几乎对每种文类的阅读兴趣都要高于对照组的学生，差别只在于达到统计显著，或者说在小说及漫画类别接近统计显著。两组学生对于读诗的兴趣不相上下，而对照组学生读教科书的兴趣比实验组要高。

在表2中，随着列表文类由上往下、从严肃逐渐走向休闲，两组学生都显示为兴趣越来越低。[④]

从所有文类整体来说，石头汤毕业生对阅读较为热衷，在这个三点量表上，石头汤毕业生的表现比对照组好了0.11点。

---

③ 大致而言，石头汤毕业生对阅读的兴趣稍高于其他学校学生，在统计数据上表现得比较显著。

④ 与其他学校学生相比，石头汤毕业生在自选读物阅读时，更喜欢看小说和漫画，而比较不喜欢看教科书。

综合讨论

结果发现，与接受传统课程的学生相比，来自大力鼓励自主阅读学校的学生，并不会只读休闲读物。事实上，他们呈现的偏向是对各种阅读都更有兴趣了。

虽然这项结果很让人振奋，但两组间的差距并不大。而且，两组都并未真正达到热爱阅读的程度(也就是在 1 ～ 3 的分数范围中，只达到 2 分的“颇有兴趣”)。因此，这项结果可能并没有正确反映出两组学生的态度，以下将进一步讨论。

接受访谈的初中学生(包括参与和未参与石头汤悦读计划的学生)告诉我们，学校图书馆的书种类不多。在一些国家所做的研究一直显示，学校图书馆是阅读材料的重要来源(Krashen, 2004)。如果学校没有图书馆，加上课业压力重，很有可能影响学生对阅读的态度。

而在这些评测文类之中，有两个文类的结果存在问题，这似乎表明学生没有诚实地面对自己的阅读喜好。下一节我们将会细究这些问题。

· 漫画

接受调查的学生表示他们并不怎么喜欢漫画，评出的分数连“颇感兴趣”都不到，但这项结果不但与其他研究的结果不相符，也与我们的观察有所不同。

氏家(Ujiie)和克拉生(Krashen)(1996)曾调查美国部

分初中一年级的学生，问他们是“常常”“偶尔”还是“从不”看漫画。让我们假设“常常”=1、“偶尔”=2、“从不”=3，将这些结果与石头汤悦读计划的结果比较，参见表3。结果发现，在美国，中产阶级及较低社会经济地位家庭的初一学生，对漫画的兴趣会稍高于合肥的初一学生。

表3 对漫画的兴趣

美国低社会经济地位	1.72
美国中产阶级	1.84
石头汤	2.08
对照组	2.29

在沃西(Worthy)、穆尔曼(Moorman)和蒂默(Tumer)(1999)的研究中，有65%的受访美国六年级学生表示自己常常阅读“连环画和漫画”。在这些学生的阅读兴趣排行中，连环画和漫画高居第二位。在艾维(Ivy)和布罗德斯(Broaddus)(2001)的研究中，也有51%的受访美国六年级学生表示自己“喜欢看”漫画。

就我们的观察而言，虽然调查结果显示石头汤学生对漫画没兴趣，但漫画其实很受欢迎。我们和学生、老师、图书馆员、两位合作的志愿者都谈过，谈话结果显示学生热爱漫画。通过观察学校附近便利店的情况，这种看法同样被证实：店里会把漫画陈列在显眼位置，学生也显然十分捧场。

学生之所以在问卷调查中选择了“没兴趣”这样的选项，原因极有可能是，学生觉得学校和家长不喜欢他们看漫画。例如，我们观察一所参与石头汤悦读计划的小学时发现，学校图书馆里并没有漫画区。但在书店，漫画书区却总是挤满了渴望阅读的孩子，而其他书区绝没有这种盛况。

这一点值得进一步研究：**孩子说他们读什么 vs. 孩子真正在读什么**。

· 教科书

自愿选择读教科书的得分，高得出乎预期，我们实在很难相信教科书会如此受欢迎。在问卷上已经写得很清楚，我们调查的是自选读物阅读，所以要么这些学校的教科书真的特别有趣，要么学生只是在讲他们以为我们想听的话，正如漫画阅读的调查情形。所以，学生真的会在书店或是图书馆里不由自主地聚在教科书区吗？

· 图画书

参与石头汤悦读计划的学校，在学生入学后的前几年会十分重视图画书阅读，由此可知，为何石头汤悦读计划的学生对图画书的兴趣会高于对照组的学生。总体而言，在这项研究中，学生对图画书的评分并不高，不过这也是可想而知的：图画书的目标读者年龄较小，而我们的调查对象已经是初一的学生。同样，在沃西等人（1999）的研究中，也只有16%的六年级学生表示自己“常常”阅读图画书。

性别影响

这项研究可能存在的问题之一在于，并未从性别角度来分析资料。如果我们有意研究学生阅读的主题特点，很可能产生严重的问题，因为男孩或女孩显然有不同的兴趣与文类喜好。例如，曾有研究指出，男孩对漫画的兴趣要高于女孩(Krashen，2004)。

结论

虽然存在以上问题，但结果显示，担心自选读物阅读会让孩子不读“严肃”作品的想法只是杞人忧天：与对照组的学生相比，石头汤毕业生对经典作品和小说的兴趣更高，对诗歌的兴趣也不相上下。而过去的研究也曾显示同样的结论：**会自选读物阅读的孩子，最后选择阅读的书也会是专家认定的优质读物**(Schoonover，1938)。

第六章

他们会不会只读“简单”的书？

随着学生升上高年级，如果有充足的图书可供自由选择，又有老师家长鼓励课外阅读，他们会不会增加阅读的数量以及提升阅读的难度？

自选难度

研究问题

大多数的家长、老师和学校都坚持认为，必须“要求”孩子去读某些书。他们担心，如果孩子有许多书可选，又能只挑自己喜欢的，孩子就会一直只读简单的书，而不会去读那些比较难的题材。本章的研究正是检验这种担心是否真的有道理。

有人会说，光读“简单”的书并没有什么不好。因为一本书所谓的阅读难度只是平均而言，即使是所谓“简单”的书，也可能有超出学生现有程度的用字遣词。而且，书中有可能提到其他背景信息，能让学生读其他书时更为轻松，并激发更多对阅读的兴趣。

就算阅读简单的书真的是浪费时间，现有证据其实也有力地表明，**孩子并不会只挑简单的书看**。

索思盖特(Southgate)、阿诺德(Arnold)和约翰逊(Johnson)(1981)指出，孩子自己选的书常常比教师指定的阅读更难。Shin和克拉生(2007)也提到，虽然曾有参加暑期阅读班的六年级学生，挑了只有四年级难度的书来读，但那其实与他们当时参加暑期班开学前测的阅读能力程度不谋而合。

美国学乐出版社(Scholastic Publishing Company)最近公布了一项调查结果，他们调查了美国大约1,000位小学一年级到高中三年级的中小学生，以及这些学生的500位家长。其中大约有半数学生曾被告知自己的阅读能力程度，其中又有大约90%的学生表示自己会参考阅读能力程度来挑书(引自《孩童与家庭阅读报告》p.52)。在这些学生当中，只有7%表示挑的是比自己阅读能力程度低的书(p.53),49%会挑阅读能力程度有高有低“差不多的组合”,28%会挑比自己阅读能力程度高的书,16%则通常挑与自己的阅读能力程度相当的书。[①]

也有另一项研究分析孩子成长过程中的阅读选择，研究发现他们并不会只走最轻松的路。

拉布兰特(LaBrant, 1958)研究同一批学生在高一、高二和高三时在语言课上所选的读物。学生并不需要把自己选的每本书都读完，也不用每本书都要交读书报告。拉布兰特指出，每过一年，学生选的书都变得更复杂、文类也更丰富。举例来说，高一时学生的选书有73%是叙事小说，但这个比例到了高三时只剩下34%。而戏剧文学在高一时只占了7%，但到高三时则上升到24%。拉布兰特的结论是，这些数据“证明学生的阅读成熟度会不断提升”。[②] (引自《自由阅读评鉴》p.157)

本章下一节要谈到的研究，据我们所知，是自1958年拉布

---

① 以往的研究显示，孩子休闲阅读不会只选择“简单”的书籍，他们常常选择的是相当、甚至是高于其阅读能力程度的读物。

② 年轻读者不会只读“简单”的书，相反会随着年龄增长，逐渐选择更难的书籍，并扩大选择的文类。

兰特的研究后唯一跟进的后续研究——石头汤悦读计划，研究安徽省合肥市母语为中文的学生的阅读选择。

石头汤悦读计划

石头汤悦读计划的研究对象是参与石头汤悦读校园联盟(SSHRA)学校的学生，该联盟由陈一心家族慈善基金赞助。这是一项读写能力培养计划，希望帮助中国的小学生培养积极的阅读态度。该计划的做法是提供大量个人自主阅读时间(每天30分钟)，定期安排朗读时间，教师全员投入阅读推广，就连校长也会亲自为孩子朗读，设置文学讨论圈和读者剧场，并且确保学生能够容易获取需要的书籍。在参与石头汤悦读计划的学校校园内，“处处都有书，而不是只限于教室与图书馆。每个角落、走廊、大厅都有书，每个地方都是阅读的场所，书区的日常管理以及阅读环境的整洁维护则通常交由学生负责”。(Gordon，2014)

这项研究希望了解的是，随着学生升上较高年级，如果有充足的图书可供自由选择，又有老师、家长鼓励课外阅读，他们会不会增加阅读的数量，提升阅读的难度?

研究过程

· 研究参与者

现就读于安徽省合肥市第48中学的11位初中一年级学生，是该研究的核心研究对象。过去，这些学生都曾就读于由陈一心家族慈善基金赞助的小学（相关计划细节请见第五章）。本研究从这些学生就读的小学图书馆取得学生过去三年的图书借阅记录，以供研究使用。③

资料收集

从学生三年级至六年级上学期的借阅资料中，收集三类资料：

1. 每人每学期借阅书籍数，共7个学期；
2. 每人阅读的每本书籍字数；
3. 每本书籍的内容难度，如书中传达的主要信息、道德、意识形态。

从自动化图书馆管理系统中，就能取得学生阅读书籍数及阅读总字数的信息（即上述1、2两项资料）。关于3，也就是书籍的难度，则是特别设计出一套研究流程，先由研究人员深入讨论，

③ 本研究的目的：了解中国学生在参与鼓励自选读物阅读的计划之后，是否会随着年龄增长而选择较难的阅读材料。

再由五位语文教师讨论确认。

· 书籍评分

书籍评分分两个阶段进行。第一阶段在中国台湾进行，由研究小组的四位成员(三位硕士级助理研究员和一位首席研究员)担任评分员，阅读同样的五本书，并评定每本书的难度，分语言及内容两个方面。评分员为每本书评定一个分数，从 1 分(最简单) 到 9 分(最复杂) 不等。接着，评分员开会讨论给分理由，以达成对评分过程的共识。

经过这个流程，每本书会得到一个分数(取语言及内容得分总和的平均值)，代表该书的整体难度。这个阶段的目的在于，判定整个书籍评分计划是否可行，并为第二阶段设计流程。[④]

第二阶段在合肥进行。流程如下:

1. 五位经验丰富的小学语文教师在学校图书馆集合，查看所有书籍，但他们并不知道哪些书是学生在哪个年级时阅读的。这些教师都有丰富的阅读教学经验，某些书甚至还在推荐阅读的名单上，因此这些书籍对他们来说都很熟悉，特别是某些作者还是著名的儿童文学作家（如曹文轩）。教师审视书籍封面，阅读内容介绍，并简单翻

---

④ 由经验丰富的教师评分员评估学生阅读书籍的语言及内容难度。另外，也由学生评分员判断书籍难度，加以排序。

阅，找出一些段落范例，让他们判断每本书的复杂度分数，再以前面提过第一阶段所设计的评分方式给分。

2. 为了让彼此达成共识，这五位教师会互相讨论，解释如此给分的理由。

3. 在所有教师对评分达成共识后，从每位学生每学期所读的书中，找出其中最难或最复杂的一到两本，叠成一摞，每摞 8 ～ 10 本，11 位学生共 11 摞。

4. 通过这几摞书，就能找出学生阅读过程的轨迹，看出他们从三年级到六年级，究竟是进步、退步，还是一直停留在自己的阅读舒适区里。（参见图 1 至图 5）。

参与书籍评分的教师都有相当丰富的教学经验，从业 3 年到 24 年不等；他们对这些书籍十分熟悉，也一直向孩子推荐各种阅读书籍。在评分过程中，教师对每本书籍的讨论十分热烈，显示出在儿童文学领域的深厚学养。

· 学生评分员

我们接着想了解一下，这些书籍的难度在学生眼中是否与大人不同。我们找了五位年龄较大（五到六年级）的学生，对教师已经评过分的同一批书籍再评一次。他们得到的指示是，要将每摞书依照内容的难易程度，从最简单到最难排序。

由于学生时间、精力有限，我们决定请这些学生评分员只针对一位读者读过的书籍来评分，而且评分员之间不可以讨论。至于评分过程，我们请学生评分员快速翻阅这些书，再读上几页，接着依据难度加以排序，而不是针对每本书一一给分。

结果分析

· 阅读册数及字数

表 1 列出了这 11 位学生在 7 个学期间阅读的字数及借阅的书籍册数，时间是从三年级上学期到六年级上学期。

表1　阅读册数

姓名/年级	3(1)	3(2)	4(1)	4(2)	5(1)	5(2)	6(1)	总计
Fang JW	6	6	10	9	8	8	10	57
Wang SQ	6	6	10	10	8	10	19	69
Ran YY	0	6	10	10	8	10	10	54
Wang YY	6	6	5	5	6	7	0	35
Ye YB	5	6	5	8	6	5	10	45
Wang XY	6	6	10	10	8	10	10	60
Chen XY	3	4	4	7	8	9	9	44
Zheng HT	6	6	9	10	8	9	10	58
Tang WH	5	6	9	0	8	10	10	48
Ji DY	6	6	10	10	8	10	10	60

续表

姓名/年级	3(1)	3(2)	4(1)	4(2)	5(1)	5(2)	6(1)	总计
Huang YH	6	6	10	10	8	10	10	60
平均	5	5.81	8.36	8.09	7.63	8.90	9.81	

备注：3(1)=三年级上学期，3(2)=三年级下学期

阅读字数

姓名/年级	3(1)	3(2)	4(1)	4(2)	5(1)	5(2)	6(1)	总计
Fang JW	17	18	92	125	68	73	151	544
Wang SQ	111	218	268	259	190.9	128	373	1547.9
Ran YY	0	49	84	40.9	186.3	111	213	684.2
Wang YY	31	58	51	59.7	95.95	81	0	376.65
Ye YB	24	45	180	170	125.8	61	327	932.8
Wang XY	41	43	51	41	60	145	105	486
Chen XY	34	18	52	70	175	245	157	751
Zheng HT	28	26	361	575	102.9	665	704	2461.9
Tang WH	39	40	95	0	75	132	277	658
Ji DY	20	38	552	265	414	418	223	1930
Huang YH	29	42	64	75	70	86	138	504
平均	34	54.09	168.18	152.78	142.16	195	242.54	

备注：每单位=10,000字

遗憾的是，图书馆管理系统无法完整提供所有读者的数据，我们也无法取得六年级下学期的数据。但无论如何，所得资料足以看出**学生的阅读量随着学期的变化而进步明显**。⑤

只不过，进步的情况各有不同：以下三张图，可以看出学生之间每学期阅读字数有何差异（参见图 1 至图 3）。从图中可以看出，每个孩子都会走出自己的路，阅读量的多少则由他们的个人兴趣及时间而定。只要他们坚持阅读的习惯，几乎所有学生到了高年级后，他们的阅读都大有进步。

图1 Fang JW：阅读字数

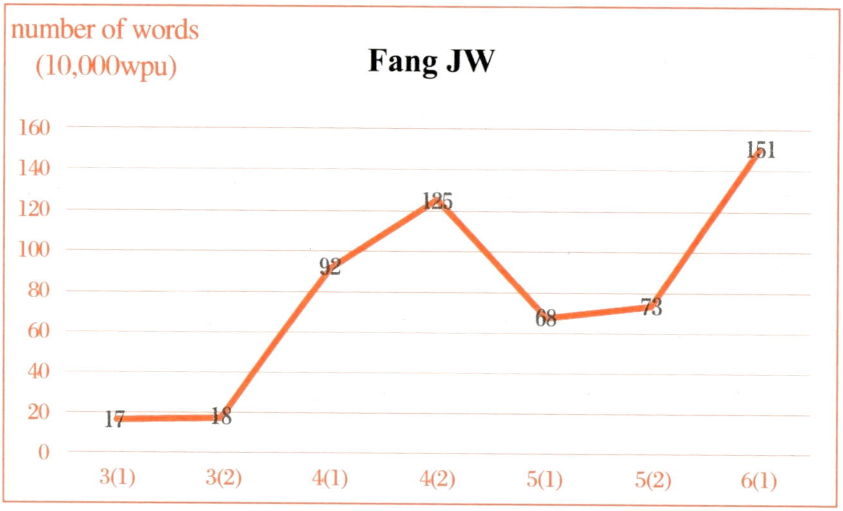

备注：阅读字数（单位为万字）。
3（1）=三年级上学期，3（2）=三年级下学期。

⑤ 随着年龄增长，孩子的阅读量都会增加，但增加的方式并非呈简单线性。

图2 Chen XY：阅读字数

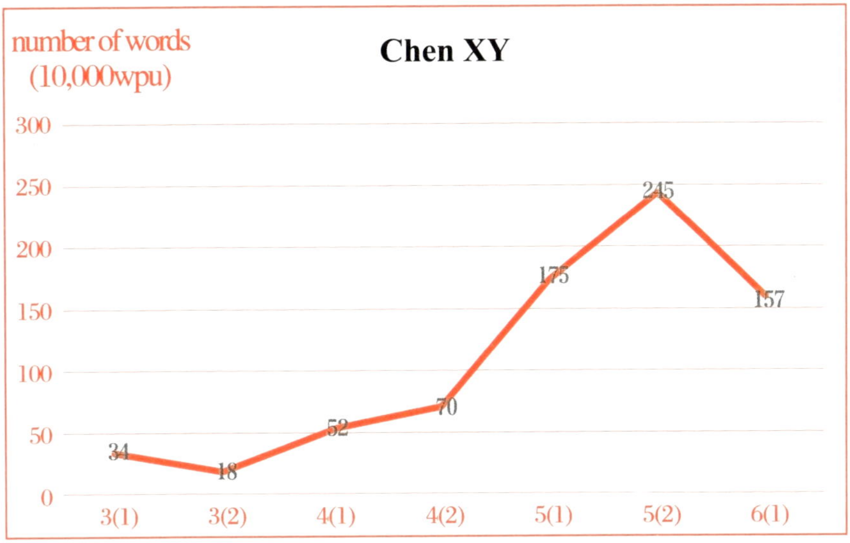

图3 Tang WH：阅读字数

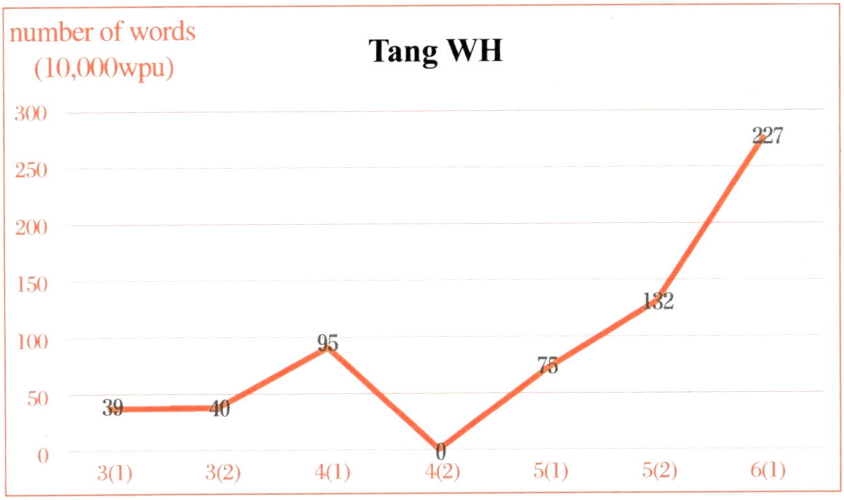

备注：阅读字数（单位为万字）。

图 1 至图 3 的 Y 轴是以万字为单位。在研究中，学生第一个学期平均阅读 340,000 字，而到了最后一学期，平均阅读字数都有大幅增长(平均约为 2,425,000 字)。这样的差异明显达到了统计显著。换句话说，这种情形不可能只是个巧合。不过，在八个学期中，我们只能取得七个学期的数据[⑥]。

· 阅读册数

初步观察表 1 可知，用阅读的册数作为进步与否的测量标准，得出的结果和阅读字数的结果十分类似。而这一点也经由统计证实：在调查的七个学期中，学生第一个学期(三年级上学期)平均阅读 5 本书，而最后一学期(六年级上学期)的阅读册数显著提升(平均为 9.81 本书)。两者的差异高度显著，不可能是出于巧合。

当然，阅读册数只能说是很粗略的测量标准，毕竟每本书的厚薄差异相当大。相比之下，前面使用的阅读字数，在测量的灵敏度上比较高。然而，哪一种测量方式都无法反映出某本书真正的难度、叙述的深度、情节的曲折以及角色行为的动机。因此，我们的分析加入了专家判断这一项，下节会介绍。

---

⑥ 若对统计细节有兴趣，以下可供参考：第一学期阅读量：340,000字，sd=279,535。最后一学期阅读量：2,425,000字，sd=1,854,477。相关样本t检定显示，差异达到高度显著：t=3.79，df=10；p=0.004，双尾检定。

复杂度量表分析

前面提过，教师是以研究小组开发的九分量表对书籍进行评分，学生评分员只需将书籍依照难度排序即可。针对每个学生的阅读，教师评分员会挑出在复杂度量表上得分最高的 1~3 本，七个学期总计 9~13 本。

表 2 便呈现了 Fang 同学所读的 13 本书，并搭配由学生评分员和教师评分员所给的排序及评分。

表2　Fang读的书

年级	书名	学生评分	教师评分	书名	学生评分	教师评分
三年级 上学期	儿童文学	1	4	窗边的小豆豆	6	5
三年级 下学期	感恩的故事	8	5			
四年级 上学期	乌丢丢的奇遇	7	5	小飞侠彼得·潘	10	7
四年级 下学期	青铜葵花	5	7	狼王洛波	2	7
五年级 上学期	威斯汀游戏	12	7	不老泉	9	8
五年级 下学期	上下五千年	11	7	绝响	3	9
六年级 上学期	简·爱	4	9	苏菲的世界	13	9

图 4 呈现的是教师评分员的评分结果，可以看出每过一学期，Fang 看的书就变得更难。至于学生评分员的结果，只是将书籍按照他们认定的难度排序，看起来结果呈现出的线性趋势不如教师评分员的那么明显，但还是可以看出难度随着时间推移而升高。学生排出的顺序和老师用评分做出的排序相当一致(学生评分排序与教师评分的相关性为：rho=0.75，p=0.003,4)。[⑦]

图4 Fang JW阅读书籍的评分结果（未经过标准化）

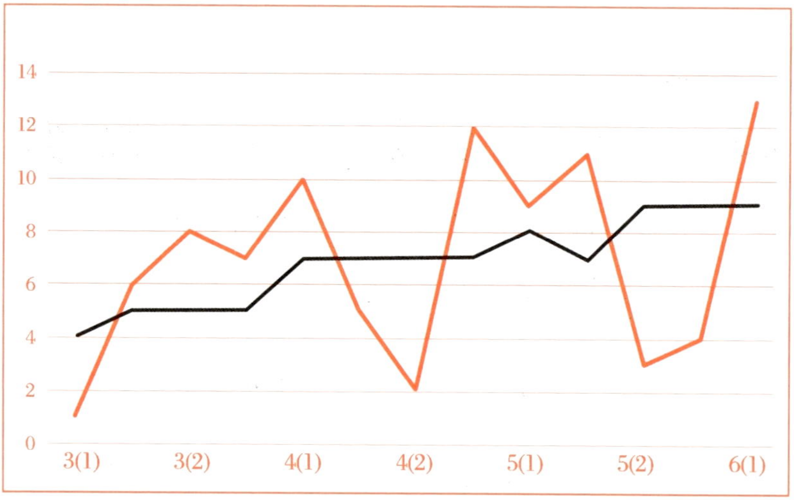

备注：X轴=年级，Y轴=评分，黑色线为教师评分，橙黄色线为学生评分。

---

⑦ 无论是教师评分员还是学生评分员，他们评出的结果都认为，随着年龄增长，孩子所阅读的书籍难度会逐渐增加。

如果将这两个评分结果加以标准化来比较(如同样以 9 分作为学生评分和教师评分的最高分)，整个模式看起来就会更为明显(参见图 5 虚线)。

图5　Fang JW阅读书籍的进步模式（经过标准化）

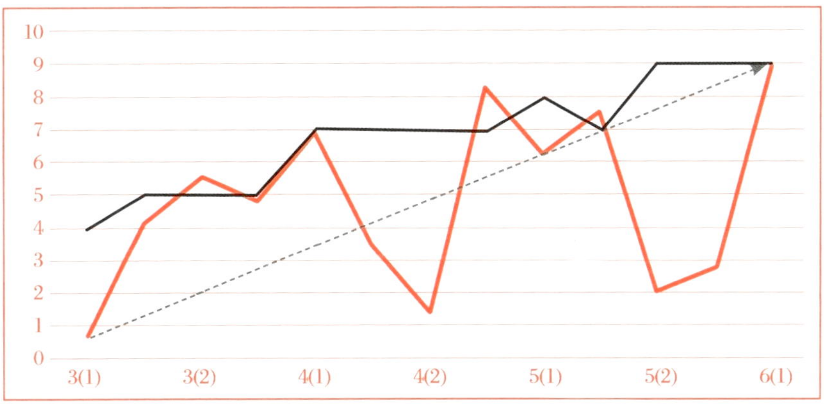

备注：黑色线为教师评分，橙黄色线为学生评分，虚线为进步值。

这里的第二个案例是 Wu RQ，可以看出学生评分的结果与教师评分的结果十分一致。两种评分结果都显示，Wu 所读的书籍复杂度逐渐增加(图 6)，而且学生评分排序的结果与教师评分排序的结果非常一致(学生评分排序与教师评分的相关性为：rho=0.84，p=0.005)。

图6 Wu RQ阅读书籍的进步模式

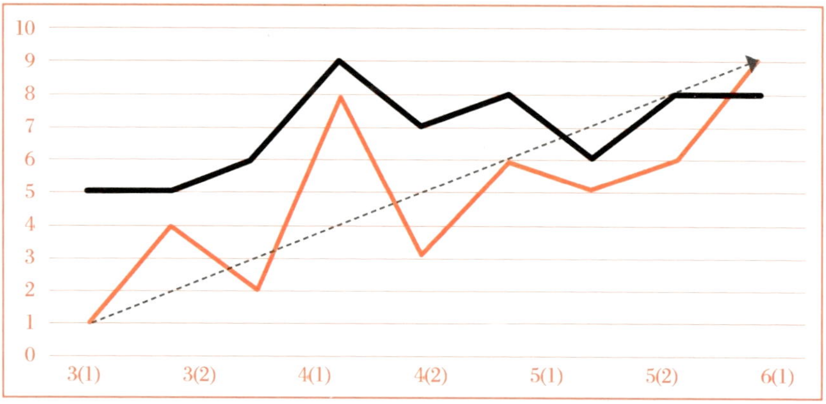

备注：黑色线为教师评分，橙黄色线为学生评分，虚线为进步值。

结 论

随着不断长大，孩子读的书越来越多：不但阅读的字数会增加，阅读的书籍册数也会增加。此外，无论是从教师评分的结果还是从学生评分的结果，都可以看出，孩子阅读的书籍复杂度在提升。

这些结果与前面提到的拉布兰特（1958）的研究结果一致。拉布兰特指出，美国的中学生会随着年龄的增长而逐渐扩展他们的阅读类型，走向更多变化、也更为复杂的文类。

前一章指出，曾参与鼓励自选读物阅读计划的学生并不会避而不读高质量的文学作品。本章的数据结果也再次证实：**身处有**

丰富藏书环境里的孩子，如果能够自由选择自己想读的书，他们并不会只读那些简单的书。相反，随着年龄增长，他们不但会阅读越来越多的读物，而且会自己挑选难度越来越高、情节越来越复杂的读物。

第七章

PIRLS测验告诉我们什么？

我们将在本章进一步提出证据，**证明引人入胜又有趣的输入来源（也就是图书馆）十分重要**，也将证明享有图书馆资源，能够部分抵消贫穷对阅读成就的严重负面影响。本章所使用的数据资料源自一项知名的国际测验：PIRLS 测验。

PIRLS测验

国际阅读素养进展研究项目（Progress in International Reading Literacy Study，PIRLS）会定期在超过 40 个国家或地区举办阅读测验，了解这些国家或地区四年级学生的阅读能力。PIRLS 测验主要围绕学生阅读的两大目的展开测试，一是为文学体验而阅读；二是为获取和使用信息而阅读（Mullis，Martin，Kennedy，and Foy，2007）。PIRLS 测验都是以学生的母语进行的。

PIRLS 测验的结果不只提供学生阅读测验的分数，还会提供发放给家长、老师的调查问卷结果。问卷涉及的内容广泛，包含阅读态度、课堂外的阅读行为、课堂教学方式等问题（Mullis et al.，2007）。此外，PIRLS 测验也提供关于社会经济地位的资料。[①]

克拉生（Krashen）、李思颖和麦奎兰（McQuillan）（2012）

① PIRLS测验以10岁儿童为测验对象，以受测儿童的母语进行，通行超过40个国家及地区。

曾对2006年的PIRLS测验进行了“简单”的和“完整”的两种分析，分析的对象都是能够获取研究所需全部变量的国家或地区。

这里的研究就是模仿其中的“简单”分析，只纳入少数几个选定的变量。虽然克拉生、李思颖和麦奎兰(2012)的研究中还有一项“完整”分析——分析PIRLS测验提供的所有资料，再将所有因素输入多元回归。尽管分析方式不同，但简单分析和完整分析得到的结果十分类似。

影响PIRLS测验的因素

在简单分析中，事先会为每项因素选定一个预测变量，这是经由克拉生等人认定，能代表他们最想调查的因素。

代表**社会经济地位**(socio-economic status, SES)的预测变量采用的是，由联合国提出并且被广泛使用的人类发展指数指标(Human Development Index, HDI)。HDI取的是以下三项因素的平均值：教育(成人识字率、入学率)、预期寿命、财富(财富收入的对数请参见http://hdr.undp.org/en/statistics/indices/hdi/)。联合国认定，高HDI介于0.8和0.95之间，中HDI介于0.5和0.79之间，低HDI介于0.34和0.49之间。②

② 该研究讨论贫穷、独立阅读、学校图书馆、阅读教学等四项因素对PIRLS测验分数的影响。

除了 HDI 之外，克拉生等人的分析还纳入了以下几项预测变量：

- **独立阅读：**各国学生在学校每天独立阅读的百分比。
- **学校图书馆：**各国藏书量在 500 本以上的学校图书馆所占百分比。
- **阅读教学：**各国学校每周用于阅读教学的平均课时数。

表 1 呈现的是多元回归分析结果，可以看出每个预测变量不受其他预测变量影响的效果。举例来说，SES（HDI）与拥有 500 本以上藏书的学校图书馆之间，呈正相关关系：SES 程度高的国家，拥有藏书丰富的学校图书馆的百分比也较高（r=0.37）（Krashen, Lee, and McQuillan, 2012）。多元回归则可以在控制 SES 的影响（也就是让 SES 与图书馆资源互不影响）之后，告诉我们学校图书馆的影响力有多少。[③]

根据表 1 可知，对阅读分数影响最大的变量是 SES，反映在与 SES 相关的 β 系数上（β=0.41），而这一点几乎和所有研究贫穷与读写能力发展关系的研究结果一致。独立阅读也与阅读分数呈正相关的关系，这一点与许多研究指出的校内阅读（即持续默读）（Krashen, 2004）也十分重要的结论相符合，但 β 系数并不显著。独立阅读（β=0.16）对阅读分数的影响并不如 SES 对阅读分数的影响大（β=0.41）。

---

③ 过去的研究一致显示，越是贫困的地区，阅读分数就越低。本研究也发现同样的结果。

表1 阅读测验的预测变量：PIRLS 2006

预测变量	β	p
SES	0.41	0.005
独立阅读	0.16	0.14
学校图书馆（藏书500本以上）	0.35	0.005
阅读教学	-0.19	0.085

r2=0.63

学校图书馆藏书量在500本以上(即表1“学校图书馆”)的学生百分比，也与阅读分数有正相关关系，β 系数很大，与SES不相上下。这是一项非常重要的结果，意味着：**学校图书馆能够抵消贫穷带来的消极影响**。这一点也很合理：学生如果能接触到书籍，就能带来更多休闲阅读，进而读写能力发展得更好(Krashen, 2004)。贫穷的学生能接触到书籍的机会比较少，好的学校图书馆则能够弥补这一点，让他们可以读到更多书，从而更好地发展读写能力。④

最后一项预测变量：阅读教学的时数，则与阅读分数呈负相关关系。提供越多阅读教学的学校反而在PIRLS的测验中分数越低，就算控制住SES这个变量，结果也是一样。虽然这项结果有些出人意料，但其实它恰好符合其他研究的结论。阅读教学几乎永远只是教学生读写能力的各项元素，如音素意

---

④ 过去的研究一致显示，有图书馆可用的地区，阅读分数相对较高。本研究也发现同样的结果。

识(phonemic awareness)、自然拼读法等。然而，有研究指出，音素意识教学与阅读理解测验之间，并未发现有关联的现象(Krashen，1999)；也有研究指出，“高强度、系统化的自然拼读法”教学只是让孩子在看到单个出现的单词时会发音，却无益于增强他们在阅读理解测验上的表现(Garan，2002；Krashen，2009)。⑤

从表1中可以看到r2=0.63，这意味着如果要预测某国或某地区的PIRLS测验分数，表中的四项预测变量已经可以提供所需信息的63%，这是非常高的比例。

简单分析的复证研究：PIRLS 2011

根据2011年的PIRLS测验资料，我们进行一次类似的分析。

- **SES：**仿照克拉生、李思颖和麦奎兰（2012）的研究方法，我们以联合国的HDI来测量SES（相关资料请参见2011年联合国的人类发展报告书http://hdr.undp.org/en/reports/global/hdr2011/summary/）。
- **学校图书馆：**在2011年的PIRLS测验资料中，“学校图书馆”定义为各国或各地区学生所在的学校图书馆

⑤ 过去的研究一致显示，有阅读教学的地区，阅读分数并不会比较高。本研究也发现同样的结果。

藏书至少5,000本的百分比。在我们前面对PIRLS测验所做的预测变量研究中，学校图书馆的藏书以500本为标准，这已经是PIRLS阅读分数的重要预测变量（Krashen, Lee, and McQuillan, 2012），就算控制住SES这个变量也是一样的。

- **阅读教学**：定义为每年提供阅读教学的总课时数，包括课表上所有的阅读活动（含课内或课外的阅读课）（PIRLS 2011, Exhibit 8.4）。
- **独立阅读**：分析2006年PIRLS测验时，我们纳入的一项因素是学生所在学校有安排独立阅读时间的百分比。但2011年的PIRLS测验并未询问这项问题。

其他预测变量

这项复证研究还纳入了当初分析 2006 年 PIRLS 测验时未纳入的其他预测变量。其中一项是关于能否获取书籍的变量，称为“班级图书角”，可以作为对学校图书馆的补充分析：**班级图书角**预测变量的定义是学生所在班级的图书角有 50 本以上藏书的百分比。

另外，家长阅读习惯的影响也予以纳入：**家长阅读习惯**定义为各国或各地区的家长表示自己喜欢阅读的人数百分比。

此外，**早期读写能力成就**也被纳入。因为人们普遍认为，如果在孩子学龄前阶段提供阅读教学，将有助于他们阅读能力的发

变量仍然能够正向预测阅读分数，它在一项研究中的影响程度为重大，在另一项研究中则为中度。其他研究也有类似的结果（相关文献回顾请参见Krashen，2011c；其他近期相关研究请参见Adkins,2015）。

在控制住SES的情况下，其他预测变量均未达到显著。而在本研究中，家长阅读习惯与阅读分数、班级图书角与阅读分数之间的正相关关系，是因为这些变量与SES也有正相关关系。家长常常阅读，孩子的阅读能力确实比较好，但两者并非因果关系。同样，若班级图书角比较好，学生的阅读能力同样也比较好，但两者同样并非因果关系。诚然，这样的结果的确不同寻常。

范例阅读——中国香港特别行政区与中国台湾

表3 2011年中国香港特别行政区及中国台湾的PIRLS测验平均分数

	平均	Sd	中国香港特别行政区	中国台湾
分数	507.6	55.4	571	553
HDI	0.82	0.087	0.9	0.88
学校图书馆（藏书5,000本）	30.34	26.7	82	90
班级图书角	25.2	20.3	75	73
家长阅读习惯	31.11	11.15	14	17
早期读写能力成就	26.3	11.7	41	30
阅读教学	143.34	42.05	102	65

从表 3 可以看出，无论中国香港特别行政区还是中国台湾，PIRLS 的得分都非常高。事实上，中国香港特别行政区全球排名第一，而中国台湾的平均分数也遥遥领先。

中国香港特别行政区和中国台湾在“学校图书馆”和“班级图书角”的得分都极高。我们的分析也显示，学校图书馆的质量是至关重要的预测变量。

中国香港特别行政区和中国台湾在家长阅读习惯的得分均低于所有受测地区的平均值。然而，根据我们的分析，家长阅读习惯并不是提升阅读分数的显著变量。

在“早期读写能力成就”这一项，中国香港特别行政区和中国台湾的表现都高于平均值，但在我们的分析中，这一点和 PIRLS 测验的表现反而是负相关关系。就分配给阅读教学的课时而言，两地都低于平均值。但根据前面两项的分析可以看出，阅读教学的时间并非预测阅读成就的重要预测变量。在 2006 年的分析中，阅读教学的时间甚至与阅读成就呈负相关关系。

高分背后的不安

其实，还有另外一项特殊因素会影响 PIRLS 测验的分数。2011 年 PIRLS 的问卷结果显示，有些国家或地区无论儿童还是成人(即孩子家长)，阅读量都十分有限。

表 4 列出这些国家或地区表示自己“喜欢阅读”的人数百分

比，并与其他基准测验对象（同样拥有高 SES 和高 PIRLS 分数的国家或地区）进行比较（Loh and Krashen，2015）。[8]

表4　对阅读的兴趣、HDI（SES）与PIRLS测验分数

调查对象	HDI	家长喜爱阅读的人数百分比	孩子喜爱阅读的人数百分比	PIRLS
中国香港特别行政区	0.90	14	21	571
中国台湾	0.88	17	23	553
意大利	0.87	24	23	541
新加坡	0.87	21	22	567
平均值	0.88 (0.01)	19 (4.4)	22.3 (0.96)	558 (13.7)
基准	0.91 (0.01)	43.7 (5.2)	33 (2.5)	538.4 (9.7)

有人可能怀疑，这些国家或地区之所以能在 PIRLS 测验得到高分，并不是通过自主选择有兴趣的书籍这种正常途径获得的（见第四章）。有一种令人不安的可能：获得高分的背后，其实是因为学生做了大量的指定阅读、考试准备，加上老师教一些能够提升测验分数却无法提升阅读实力的应试策略。例如，教学生判断哪些问题应该首先跳过，什么时候该或不该猜答案之类的方法等。PIRLS 资料显示，这种方式并不能提升学生对阅读的兴趣，反而会妨碍读写能力的进一步发展。

⑧　某些国家或地区似乎只是“会考试”：虽然阅读分数极高，但无论儿童还是成人，对阅读都兴趣索然。

未纳入的变量

还有许多可能影响读写能力的重要因素，并未纳入本次分析中。例如，在学生更年幼的时候为他们朗读（虽然PIRLS测验已经将朗读列为一个更重要的变量），以及是否有公共图书馆可以使用。

家中藏书情况：（家中藏书至少100本的学生百分比）虽然PIRLS测验也讨论过这个变量，但在本次分析中纳入这个变量会造成多重共线性（multicollinearity，即与其他预测变量会高度相关）。

然而，一项简单分析却指出，虽然家中藏书情况与PIRLS测验分数相关（r=0.59），也与SES高度相关（r=0.81）。小规模的多元回归分析也证实，如果控制住SES变量，家中藏书情况对阅读分数就没有影响（参见表5）。中国香港特别行政区和中国台湾在这个变量上与国际平均值相近，其中中国台湾稍微高一些。

表5 家中藏书情况对结果的影响（控制住SES变量后）

	β	P
HDI	0.73	0
家中藏书情况	0.023	0.46

r2=0.49

正如家长阅读习惯和班级图书角的影响，阅读能力与家中藏书情况的关系也同样受到 SES 的制约。[9]

然而，我们对于究竟是否忽略这个变量很犹豫，原因在于有一些证据显示，当控制 SES 变量时，家中藏书情况可能是读写能力发展的一个预测变量。例如，在一项研究中，中产家庭的（中学）学生如果来自家中藏书比较丰富的环境（拥有藏书、订阅杂志），那么以其母语（中文）进行自主阅读的情况也比较多（Lee and Krashen，1996）。在另一项研究中，研究对象是中国香港特别行政区的小学四年级学生，这里的“家庭阅读经济资本”（包括学生估计家中书籍数目、家长平均购书支出）则是阅读能力的重要预测变量。此项研究控制住多项 SES 的预测变量，包括父亲的教育水平和工作、家庭经济地位（Tse，Lam，Ip，Loh，and Tso，2010）。

阅读动机：未列入分析，原因在于问卷中的相关问题缺乏有效性。在 2011 年的 PIRLS 测验中，某些问题显然与外在动机有关。例如："当个阅读能力好的人很重要""爸妈喜欢看到我阅读""为了未来，我的阅读能力必须很强"等。奇怪的是，这些问题没有一个与阅读的乐趣有关。

---

⑨ 家中藏书越多就越会阅读吗？本项研究未能给出明确的结论。

结论

在 PIRLS 测验上，某些国家或地区得分就是比较高。根据我们的分析，主要原因在于：经济富裕，能经由学校图书馆获取阅读材料。这些研究结果其实很合理：许多研究证实，贫穷对于学业表现有着极大的打击。因为生活在贫穷之中的孩子，常常面临食物匮乏、缺乏医疗资源的情形(Berliner，2009)，同时家中、邻里及学校也缺乏书籍资源(Krashen，1997)。[10]

我们的结果与研究图书馆积极影响的结论一致：研究一直告诉我们，**图书馆质量越好，阅读分数也就越高**(相关文献回顾请参见 McQuillan，1998 以及 Krashen，2004)。基思·柯里·兰斯(Keith Curry Lance)对学校图书馆影响的研究，有力地证明了学校图书馆质量与图书馆员水平对阅读成就有正面影响(各项报告请参见：http://www.baltimorelibraryproject.org/wp-content/uploads/downloads/2013/09/Library-Impact-Studies.pdf 或者 http://keithcurrylance.com/school-library-impact-studies/ 等)。

这里所报告的两项研究都显示，**优质的学校图书馆能够提供丰富的阅读材料，从而可以部分减轻贫穷造成的影响**。但考虑到前面叙述的“令人不安的结果”，还需要再次确认某些国家或地区

⑩ 由此，可以得出的主要结论是：贫穷与阅读成就呈负相关关系，图书馆则与阅读成就呈正相关关系。

的儿童能否真正得益于接触更多书籍的机会(无论是在家还是在图书馆)。

学校里阅读的直接教学课时与阅读成就并不相关，家长在学生入学时所描述的“早期读写能力成就”也与阅读成就无关。这两项结果都与前人的相关研究结果一致，显示音素意识和高强度的自然拼读法教学对于阅读理解测验并无影响(Krashen，2001；Garan，2002；Krashen，2009)，这也符合先前提及的假设：**我们在发音及拼写上的能力，来自阅读，而非教学**(Smith，2004；Krashen，2004)。

我们的第二项分析有一项重要结果：有几项因素(家长阅读习惯和班级图书角)普遍被认为对孩子的读写能力发展十分重要，但其实不然，这些因素只是“是否贫困”的结果。至于“家中藏书情况”这项变量，虽然看起来也是如此，但其他研究结果让我们对这项变量有所保留。

显然，贫穷是影响学业的主要因素。这在教育研究上早已不是什么新鲜事，但讨论到学校政策时却多半未得到重视。只有一项著名的研究例外：

> “我们很有可能会发现，并不是先解决居住和教育的问题，就能解决贫穷，反而是如果先消灭了贫穷，才

能自然而然影响居住和教育的问题。”（引自马丁·路德·金的演说《我们要去哪里》，1967）

· 备注：

阿德金斯（Adkins, 2015）曾表示，无法根据“是否有学校图书馆”来预测2009年美国15岁学生参加PISA测验时的数学、阅读或英文成绩；但在她的样本中，几乎所有学校都在美国，且都有学校图书馆。然而，若控制住贫穷这个变量的影响，“图书馆充足性”（library adequacy，即由校长认定图书馆人力是否充足、藏书是否足够）确实会与学生的数学、阅读及英文成绩相关。图书馆的科技充足性（technological adequacy）则是测验成绩的负预测变量。然而，对于最低成绩等级的学生来说，情况并非如此。

阿德金斯对于校长判断图书馆充足性的研究结果，可以与我们的研究互相对照加以诠释：就算控制住社会阶级变量，是否有图书馆仍然是一个重要因素，而且图书馆能够部分抵销贫穷带来的影响。

因此，在那些几乎处处都有图书馆的国家，是否有图书馆这一项因素并不会影响学业成就。只不过，图书馆的质量仍然会造成差异。

	数学	阅读	科学
预测变量	β	β	β
财富	0.705*	0.722*	0.632*
图书馆	−0.072	−0.193*	−0.212*
图书馆充足性	0.212*	0.158*	0.226*
科技充足性	−0.157	−0.16*	−0.174*
r2	0.57	0.625	0.542

数据来源：阿德金斯，2015

总结论

我们花了七个章节，集中讨论一个核心概念：**可以理解且引人入胜的输入**（CCI）。

以上证据显示，CCI 正是语言及读写能力发展的关键，我们也认为 CCI 意味着应该抛弃过去传统上对于阅读动机的看法（第一章）。

我们描述了读者需要历经哪三个阶段才能发展出最高级的读写能力，而这一切都和 CCI（第二、三、四章）有关。另外，我们也通过研究得出证据，如果让阅读者自己选择读物，他们并不会只看轻松的读物，而是随着年龄的增长，会逐渐选择更复杂的阅读内容。

我们在解读 PIRLS 的测验结果之后认为，如果能在图书馆内推动 CCI，将有利于学生读写能力的发展；相反，不组织 CCI 的活动（如学校里的阅读教学、发展孩子的早期读写能力）则无益于读写能力的发展（第七章）。

我们认为，CCI 的教学启示十分显而易见，发展读写能力的重点在于：**念故事给孩子听的时候，重点应放在故事情节，而不是文字细节**；要让孩子接触到有趣的阅读材料，也要让他们有时间阅读。[1]

除此之外，CCI 的意义可能还有很多。

---

[1] 我们建议：请朗读给孩子听，并且把重点放在故事情节上；为孩子提供有趣的阅读材料；让他们有阅读的时间，并且允许他们自主选择阅读材料。

CCI和教育目的

我们认为，关于未来，社会不可能真正准备得万无一失，而CCI有助于帮助今日的学生、社会做好准备，迎接未来的任何挑战。

有一种观点很流行，认为我们必须为当今的学生准备特定的“21世纪必备技能”。很多“专家”言之凿凿，仿佛他们真的知道这些技能是什么，其实我们多半一无所知。[②]

科学和科技的历史告诉我们，未来的发展几乎总是出人意料。美国前教育部长阿恩·邓肯（Arne Duncan）大概能称得上是这种观点的专家，他在几年前接受《今日美国》（*USA Today*）访问时曾表示：

> 随着我们在科技上获得越来越多技术突破，未来一定会出现目前根本还不存在的工作领域。如果有人能站出来，成为创新者、创造者或发明者，他们其实是在创造出那些我们现在根本无法想象、甚至还无法理解的机会。（August 9, 2009）

这样的不确定性，至今仍然存在。

想要让学生真正为未来做好准备，唯一的办法就是不要只关

② 学校应培养学生应对未来的能力，而不是一味地应付现在社会的需求，因为社会一直在变化。

注目前社会上的需求、过早专业化。相反，我们应该让学生做好心理准备，等着运用各种现在还不明显甚至还不存在的机会。

为改变做好准备：追求你的强项

赵勇(2009)也得出了相同的结论，并且提出了另一个重要的观点：学校应该协助学生追求强项：

> 现在……很难预测未来会出现怎样的新行业，哪些行业又会遭到淘汰。因此，现在变得弥足珍贵的是，独特的才能、知识、适应改变的能力以及创造力，而这一切都需要学校的文化能尊重并培养多元的才能与技能，以及在课程安排上能促使学生追求他们的强项。[③]（引自《抓住或引领潮流？》p.156）

· 别怕自己有弱点

我们不会真的放手让学生一心追求强项，反而会逼着所有学生先辛辛苦苦地把许多所谓的“基础技能”都练到相当高的程度，才真正开始专攻他们想要学习的。但事实上，这样的做法并不好。

罗森布拉特(Rosenblatt，2001)曾建议，年轻篮球运动

③ 最能应对未知未来的方式是：追求自己的强项，将其做精。

员不用太费心去加强训练非惯用手：如果你老是把心力投注在弱项，反而没有任何事情能真正做到顶尖。

不可否认，所有人都应该在某些重要领域（比如阅读和数学）拥有最基本的能力，但通常真正用到的程度会远低于现在要求的程度。而且，没有必要为了发展弱项，白白浪费应该投入到自己真正感兴趣领域的心力。今天的教育，已经有太多的延迟享乐（delayed gratification），这常常使得学生一直到离开教育体制之前，都没有机会好好发现并“追求自己的强项”；而全球风起云涌的标准化运动（standards movement）更是使这样的情形雪上加霜。

学校的一大责任是为学生提供方法和途径，让他们能够探索自己的兴趣、发展自己的长处，从而挖掘自己的潜能。这意味着学校应该扩大课程的选择性，而不是让选择变得越来越狭窄、越来越集中（Ohanian，1999，p.4；Zhao，2009，pp.181-183；Tudball，2010）。

库尔特·冯内古特（Kurt Vonnegut,1997）可能说到了点子上：“我们不该一直追求艰难的挑战，应该迎向自己的天赋所在且有趣、好玩的事情，迎向那些自己显然命中注定就会做的事情。”（引自《时震》p.148）

教师的工作，就是协助学生找到那些他们喜欢做而且做得非常好的事情，学生在这些事情上的杰出表现更能让社会受益。

· 引人入胜的阅读所扮演的角色

在协助学生发现自己的兴趣及强项上，引人入胜的阅读起着至关重要的作用。经由自己选择且内容引人入胜的阅读，在许多成功人士的生命中扮演着重要角色。西蒙顿(Simonton, 1988)整理了许多关于创造力发展的研究，结论是“儿童及青少年时期无所不看的阅读，与最后成人时期的成功有正相关的关系”。④(引自《科学天才》p.11)

这样的结论很合理：因为阅读不仅能提高读写能力，也能增长知识：读书越多的人，越懂文学(Ravitch and Finn, 1987)，也更懂科学和社会研究(Stanovich and Cunningham, 1993)，甚至掌握着更多的“实用知识”(Stanovich and Cunningham, 1993)。这多半发生在我们称为第二阶段的阅读过程中(参见本书第二章)，阅读的材料大多是小说。

埃默里(Emery)和齐克森比哈里(Csikszentmihalyi)(1982)做过一项比较研究，一组是15位蓝领背景出身、最后却成为大学教授的人；另一组则是有类似的背景、最后仍然是蓝领阶级的人。那些后来成为教授的人，成长环境里的图书要丰富许多，而且年轻时的阅读量也远超过另一组。因此，他们除了读写能力与知识得到提升外，也更有机会找出自己觉得迷人的事物，发现自己的兴趣。

---

④ 自选读物阅读能协助读者发现自己的兴趣所在，也能帮助读者顺应自己的兴趣培养相应的能力。

在所有的教育概念中，可以理解且引人入胜的阅读输入可能是最关键的因素之一：经由这条道路，就有可能培养出全面的读写能力、完整的语言习得，找到一个人真正的兴趣所在，以及培养出追求这些兴趣的能力。

附 录

参考书目文献

Adkins, D. 2015.U.S. *Students, Poverty, and School Libraries: What Results of the 2009 Program for International Student Assessment Tell Us*.School Library Research 17.http://www.ala.org/aasl/slr/vol17

Asher, J. 2000.*Learning Another Language Through Actions*.Sky Oaks, CA:Sky Oaks Productions.Sixth Edition.

Atwell, N. 2007.*The Reading Zone*.New York:Scholastic.

Bean, M. A. 1879.*The evil of unlimited freedom in the use of juvenile fiction*.Library Journal, 4:341-43.

Berliner, D. 2009.*Poverty and Potential:Out-of-School Factors and School Success*.Boulder and Tempe:Education and the Public Interest Center & Education Policy Research Unit.

Biber, D. 1988.*Variation across Speech and Writing*. Cambridge:Cambridge University Press.

Biber, D. 2006.*University language*.Philadelphia:John Benjamins Publishing Company.

Blok, H. 1999.*Reading to young children in educational settings*:A meta-analysis of recent research.Language Learning 49 (2):343-371.

Brassell, D. 2003.*Sixteen books went home tonight:Fifteen were introduced by the teacher*.The California Reader 36 (3):33-39.

Bus, A., M. Van Ijzendoorn, and A. Pellegrini.1995. *Joint book reading makes for success in learning to read:A meta-analysis on intergenerational transmission of literacy*.Review of Educational Research 65:1-21.

Canada, G. 1995.*Fist, Stick, Knife, Gun:A Personal History of Violence*.Boston:Beacon Press.

Carlsen, G.R., and A. Sherrill.1988.*Voices of readers:How we come to love books*.Urbana, IL:NCTE.

Carson, B. 1990.*Gifted Hands*.Grand Rapids, MI:Zondervan Books.

Cho, K.S., and Krashen, S. 1994.*Acquisition of vocabulary from the Sweet Valley High Kids series:Adult ESL acquisition*.Journal of Reading 37:662-667.

Cho, K.S. and Krashen, S. 2015.*The cure for English fever?Stories and self-selected reading in English*. KAERA Research Forum 1(4):41-47.

Chomsky, C. 1972.*Stages in language development and reading exposure*.Harvard Educational Review 42(1):1-33.

Cohen, Y. 1997.*How reading got me into trouble*.Class paper, Trenton State University, Summer, 1997.

Constantino, R., Lee, S.Y.Cho,K.S., Krashen, S. (1997). *Free voluntary reading as a predictor of TOEFL scores*. Applied Language Learning 8:111-118.

Csikszentmihalyi , M. 1990.*Flow:The psychology of optimal experience*.New York:Harper Perennial.

Elley, W. 1991.*Acquiring literacy in a second language:The effect of book-based programs*.Language Learning 41:375-411.

Elley, W. and F. Mangubhai.1983.*The impact of reading on second language learning*.Reading Research Quarterly 19:53-67.

El-Shabbaz, E. 1964.*The Autobiography of Malcolm X. New York*:Ballintine Books.

Emery, C., and M. Csikszentmihalyi.1982.*The socialization effects of cultural role models in ontogenetic development and upward mobility*.Child Psychiatry and Human Development 12:3-19.

Fink, R. 1995/96.*Successful dyslexics:A constructivist study of passionate interest reading*.Journal of Adolescent & Adult Literacy 39 (4):268-80.

Flurkey, A., and Xu, J..Eds.2003.*On the Revolution of Reading:The Selected Writings of Kenneth S.* Goodman.Portsmouth, NH:Heinemann.

Garan, E. 2001.*Beyond the smoke and mirrors:A critique of the National Reading Panel report on phonics*.Phi Delta Kappan 82, no. 7 (March):500-506.

Garan, E. 2002.*Resisting Reading Mandates:How to Triumph with the Truth*.Portsmouth, NH:Heinemann.

Gardner, D. 2004.*Vocabulary input through extensive reading:A comparison of words found in children's narrative and expository reading materials*.Applied Linguistics, 25 (1):1-37.

Gardner, D. 2008.*Vocabulary recycling in children's authentic reading materials:A corpus-based investigation of narrow reading*.Reading as a Foreign Language, 20(1):92-122.

Gordon, C. 2014.*A literacy lesson from China:What an exuberant culture of reading can teach us*.School Library Journal.January, 2014.

Gradman, H., and Hanania, E. 1991.*Language learning background factors and ESL proficiency*.Modern Language Journal, 75:39-51.

Graff, H. 1979.The Literacy Myth:Literacy and Social Structure in the Nineteeth-Century City.New York:Academic Press.

Hedrick, W. and Cunningham, J. 2002.*Investigating the effect of wide reading on listening comprehension of written language*.Reading Psychology 23:107-126.

Hsieh, M.Y., Wang, F.Y., and Lee, S.Y.2011.*A corpus-based analysis comparing vocabulary input from storybooks and textbooks*.The International Journal of Foreign Language Teaching 6 (1):25-33.

Hyland, K. 1996.*'I don't quite follow':Making sense of a modifier*.Language Awareness 5(2):91-109.

Irwin, O. 1960.*Infant speech:Effect of systematic reading of stories*.Journal of Speech and Hearing Research 3:187-190.

Justice, L. M., and Ezell, H. K. 2000.*Enhancing children's print and word awareness through home-based parent intervention*.American Journal of Speech-Language Pathology 9:257–269.

Justice, L.M. and Ezell, H.K.2002.*Use of storybook reading to increase print awareness in at-risk children*. American Journal of Speech-Language Pathology 11:17-29.

Justice, L. M., Kaderavek, J. N., Fan, X., Sofka, A., and Hunt, A. 2009.*Accelerating preschoolers' early literacy development through classroom-based teacher-child storybook reading and explicit print referencing*. Language, Speech, and Hearing Services in Schools 40:67–85.

Justice, L. M., McGinty, A., Piasta, S. B., Kaderavek, J. N., and Fan, X. 2010.*Print-focused read-alouds in pre-school classrooms:Intervention effectiveness and moderators of child outcomes*.Language, Speech, and Hearing Services in Schools 41:504–520.

Jylha-Laide, J.and Karreinen, S. 1993.*Play it again, Laura:Off-air cartoons and videos as a means of second-language learning*.In:K. Sajavaara and Takala, S. (Eds.)Finns as Learners of English:Three Studies Jyvaskya:Jyvaskyla Cross-Language Studies no. 16.pp.89-145.

Kim, J. and Krashen, S 2000.*Another home run*. California English:6 (2):25.

King, M.L.K.1967.*Where Do We Go From Here?Chaos or Community*.New York:Harper and Row.

Knight, C. and Fischer, K. 1994.*Learning to read words:Individual differences in developmental sequences*.Journal of Applied Developmental Psychology 13:377-404.

Krashen, S. 1982.*Principles and Practice in Second Language Acquisition*.Oxford:Pergamon Press.

Krashen, S. 1997.*Bridging inequity with books*. Educational Leadership 55 (4):18–22.

Krashen, S. 2001.*Does "pure" phonemic awareness training affect reading comprehension?*Perceptual and Motor Skills.93:356-358.

Krashen, S. 2003.*Explorations in Language Acquisition and Use:The Taipei Lectures*.Portsmouth, NH:Heinemann.

Krashen, S. 2004.*The Power of Reading*.Portsmouth, NH:Heinemann, and Westport, CONN:Libraries Unlimited (second edition).

Krashen, S. 2007.*Extensive reading in English as a foreign language by adolescents and young adults:A meta-analysis*.International Journal of Foreign Language Teaching 3 (2):23-29.

Krashen, S. 2009.*Does intensive reading instruction contribute to reading comprehension?*Knowledge Quest.37 (4):72-74.

Krashen, S. 2011a.*Academic Language Proficiency:Acquired or learned?Selected papers from The Nineteenth International Symposium and Book Fair on English Teaching*.English Teachers' Association of the Republic of China, Taipei, Taiwan.

Krashen, S. 2011b.*Reach out and read (aloud)*. Language Magazine 10 (12):17-19.

Krashen, S. 2012a.*Developing academic proficiency:Some hypotheses*. International Journal of Foreign Language Teaching, (2):8-15.

Krashen, S. 2012b.*Language parents for second language acquisition*.International Journal of Foreign Language Education 7 (3):2

Krashen, S. 2013.*Read-alouds:Let's stick to the story*.

Language and Language Teaching, issue 3, (Azim Premji University and the Vidya Bhawan Society)

Krashen, S and Terrell, S. 1983.*The Natural Approach:Language Acquisition in the Classroom*.New York:Prentice Hall

Krashen, S., Lee, S.Y. and McQuillan, J. 2012.*Is the library important?Multivariate studies at the national and international level*.Journal of Language and Literacy Education, 8 (1):26-36.

Ku, Y-M, and Anderson, R.C.2001.*Chinese children's incidental learning of word meanings*.Contemporary Educational Psychology, 26 (2):249-266.

LaBrant, L. 1958.*An evaluation of free reading*.In C. Hunnicutt and W. Iverson (Eds.), Research in the Three R's.New York:Harper and Brothers, pp. 154-161.

Lamme, L., 1974.*Authors popular among fifth graders*. Elementary English 51:1008-1009.

Lao, C.Y.2003.*Prospective teachers' journey to becoming readers*.New Mexico Journal of Reading 32 (2):14-20.

Lao, C.Y. and Krashen, S. 2008.*Heritage language development:Exhortation or good stories?*International Journal of Foreign Language Teaching 4 (2):17-18.

Lao, C.Y. and Krashen, S. 2014.*Language acquisition without speaking and without study*.Journal of Research of Bilingual Education Research and Instruction 16 (1):215-221.

Layne, S. 2015.*In Defense of Read-Aloud:Sustaining Best Practice*.Portland, Maine:Stenhouse.

Lee, S-Y. 1996.*The relationship of free voluntary reading to writing proficiency and academic achievement among Taiwanese senior high school students*.Proceedings of the Fifth International Symposium on Language Teaching.(pp. 119-126). Taipei :Crane Publishing Company.

Lee, S. Y. 2005.*Facilitating and inhibiting factors on EFL writing:A model testing with SEM*.Language Learning 55 (2):335-374.

Lee, S. Y. 2007.*Revelations from Three Consecutive Studies on Extensive Reading*.Regional Language Center (RELC) Journal 38 (2):150-170.

Lee, S.Y., Hsieh, M.I., and Wang, F.Y.2009.*Storybooks vs. textbooks: a corpus study*.Selected Papers from The Eighteenth International Symposium on English Teaching (pp. 620-624).Taipei:Crane Publishing Co.

Lee, S.Y. and Krashen, S. 1996.*Free voluntary reading and writing competence in Taiwanese high school students*.Perceptual and Motor Skills 83:687-690.

Lee, M.H.Lee, S.Y, and Krashen, S. 2014.*Vocabulary acquisition through read-alouds and discussion:A case study*.International Journal of Foreign Language Teaching 9, 1:2-6.

Lin, S.Y., Shin, F., and Krashen, S. 2007.*Sophia's choice:Summer reading*.Knowledge Quest 35 (4):52-55.

Loh, E.K.Y. and Krashen, S. 2015.*Patterns in PIRLS performance:The importance of liking to read, SES, and the effect of test prep*.Asian Journal of Education and e-Learning 3(1).

Lomax, C. 1976.*Interest in books and stories at nursery*

*school.*Educational Research 19:110-112.

Lonsdale, C. 2006.*The Third Ear:You Can Learn Any Language.*Hong Kong:Third Ear Books.

Mason, J. and Dunning, D. 1986.*Towards a model relating home literacy with beginning reading.*Paper presented at the Annual Meeting of the American Educational Research Assocation, San Francisco, CA, April, 1986.

Martinez, M., N. Roser, J. Worthy, S. Strecker, and P. Gough.1997.*Classroom libraries and children's book selections:Redefining "access" in self-selected reading.* In Inquires in literacy:Theory and practice.Forty-sixth yearbook of The National Reading Conference, ed. C. Kinzer, K. Hinchman, and D. Leu.Chicago:National Reading Conference, pp. 265-272.

Mason, B. 2006.*Free voluntary reading and autonomy in second language acquisition:Improving TOEFL scores from reading alone.*International Journal of Foreign Language Teaching 2 (1):2-5.

Mason, B. 2011.*Impressive gains on the TOEIC after one year of comprehensible input, with no output or grammar study*, The International Journal of Foreign Language Teaching 7 (1).

Mason, B. 2013a.*Substantial gains in listening and reading ability in English as a foreign language from free voluntary listening and reading in a 75 year old student.*The International Journal of Foreign Language Teaching 8 (1):25-27.

Mason, B. 2013b.*The case of Mr. Kashihara:Another case of substantial gains in reading and listening without output or grammar study.*Shitennoji University Bulletin 56:417-428.

McCormick, C. and Mason, J. 1986.*Intervention procedures for increasing preschool children's interest in and knowledge about reading.*In W. Teale and E. Sulzby (Eds.)Emergent Literacy.Norwood, NJ:Ablex (pp. 90-115).

McQuillan, J. 1988.*The Literacy Crisis:False Claims and Real Solutions.*Portsmouth, NH:Heinemann.

Mendelsohn A., Mogiler L., Dreyer B., Forman J., Weinstein S., Broderick M., Cheng K., Magloire T., Moore T. and Napier C. 2001.*The impact of a clinic-based literacy intervention on language development in inner-city preschool children.* Pediatrics 107 (1):130.134.

Miller, D. 2009.*The Book Whisperer.*Hoboken, NJ:Jossey-Bass

Mullis, I, Martin, M., Kennedy, A. and Foy, P. 2007. *PIRLS 2006 international report.*Boston:International Study Center, Boston College.

Mullis, I, Martin, M., Foy, P. and Drucker, K. 2011.*PIRLS 2011 International Results in Reading Boston:International Study Center*, Boston College.

Nagy, W., P. Herman, and R. Anderson.1985.*Learning words from context.*Reading Research Quarterly 23:6-50.

Nagy, W., R. Anderson, and P. Herman.1987.*Learning word meanings from context during normal reading.* American Educational Research Journal 24:237-270.

Nagy, W., and P. Herman.1987.*Breadth and depth of vocabulary knowledge:Implications for acquisition and instruction*.The nature of vocabulary acquisition, ed. M. McKeown and M. Curtiss.Hillsdale, NJ:Erbaum. pp. 19-35.

Nakanishi, T. 2014.*A meta-analysis of extensive reading research*.TESOL Quarterly 49(1), 6-37.

Nell, V. 1988.*Lost in a Book*.New Haven, Conn.:Yale University Press.

Neuman, S. 1986.*The home environment and fifth-grade students' leisure reading*.Elementary School Journal 86:335-343.

Ohanian, S. 1999.*One Size Fits Few*.Portsmouth, NH:Heinemann Publishing Co.

Piastra, S., Justice, L., McGinty, A., and Kaderavek, J. 2012.*Increasing young children's contact with print during shared reading:Longitudinal effects on literacy achievement*.Child Development 83 (3):810-820.

Ravitch, D., and C. Finn.1987.*What do our 17-year-olds know?*New York:Harper and Row.

Ray, B. and Seely, C. 2008.*Fluency through TPR Storytelling*.Berkeley:Command Performance Language Institute.(Fifth Edition)

Rosenblatt, R. 2001.*Rules for Aging*.Harvest Books.

Schleppegrell, M., Achugar, M., and Oteiza, T. 2004. *The grammar of history:Enhancing content-based instruction through a functional focus on language*. TESOL Quarterly 38 (1):67-93.

Scholastic 2015.*Kids & Family Reading Report*.Fifth Education.New York:Scholastic.

Schoonover, R. 1938, *The case for voluminous reading*. English Journal 27:114-118.

Segal, J. 1997.*Summer Daze*.Class paper, Trenton State University, Summer, 1997.

Senechal, M and LeFevre, J. 2002.*Parent involvement in the development of children's reading skill:A five-year longitudinal study*.Child Development 73 (2):445-460.

Shin, F. and Krashen, S. 2007.*Summer Reading:Program and Evidence*.New York:Allyn and Bacon.

Shu, H., Anderson, R.C. and Zhang, H. 1995.*Incidental learning of word meanings while reading:A Chinese and American cross-cultural study*.Reading Research Quarterly 30:76-95.

Simonton, D. 1988.*Scientific Genius:A Psychology of Science*.Cambridge:Harvard University Press.

Smith, F. 2004.*Understanding Reading*.Hillsdale, NJ:Erlbaum.Sixth Edition.

Southgate, V., H. Arnold, and S. Johnson.1981. *Extending beginning reading*.London:Heinemann Educational Books.

Stanovich, K. and A. Cunningham.1992.*Studying the consequences of literacy within a literate society: the cognitive correlates of print exposure*.Memory and Cognition 20 (1):51-68.

Stanovich, K. and A. Cunningham.1993.*Where does knowledge come from?Specific associations between print exposure and information acquisition*.Journal of Educational Psychology 85 (2):211-229.

Stokes, J., Krashen, S, Kartchner, J. 1998.*Factors in the acquisition of the present subjunctive in Spanish:The role of reading and study*.ITL:Review of Applied Linguistics.121-122:19-25.

Sullivan, A. and Brown, M. 2013.*Social inequalities in cognitive scores at age 16:The role of reading*. London:Centre for Longitudinal Studies, Institute of Education, University of London

Sullivan, A. and Brown, M. 2014.*Vocabulary from adolescence to middle-age*.Centre for Longitudinal Studies, Institute of Education, University of London

Swales, J. (1990).*Genre analysis:English in academic and research settings*.Cambridge:Cambridge University Press.

Trelease, J. 1995.*The read-aloud handbook*.New York:Penguin.Third edition.

Trelease, J. 2001.*The read-aloud handbook*.New York:Penguin.Fourth edition.

Tse, S.K., Lam, R.Y H., Ip, O.K.M., Lam, J. W. I., Loh, E.K.Y., and Tso, A.S.F. 2010.*Family resources and students' reading attainment: capitalising on home factors*.L1 Educational Studies in Language and Literature, 10 (3):27-54.

Tse, S. K., Xiao, X.Y., Ko, H. W., Lam, J. W. I., Hui, S. Y., & Ng, H. W. (in press). *Do reading practices make a difference?The analysis of PIRLS data for Hong Kong and Taiwan fourth-grade students*.Compare:A Journal of Comparative and International Education.

Tudball, L. 2010.*Curriculum's narrow focus leaves students bereft of big ideas*.Sydney Morning Herald, March 2, 2010.http://www.smh.com.au/federal-politics/political-opinion/curriculums-narrow-focus-leaves-students-bereft-of-big-ideas-20100301-pdi2.html

Ujiie, J. and Krashen, S. 1996.*Comic book reading, reading enjoyment, and pleasure reading among middle class and chapter I middle school students*.Reading Improvement 33 (1):51-54.

Ujiie, J. and Krashen, S. 2002.*Home run books and reading enjoyment*.Knowledge Quest 31(1):36-37.

Ujiie, J. and Krashen, S. 2005.*Is "acclaimed" children's literature popular among children?A secondary analysis of Nilson, Peterson, and Searfoss* (1980).Knowledge Quest 34 (1):39-40.

Ujiie, J. and Krashen, S. 2006.*Are prizewinning books popular among children?An analysis of public library circulation*.Knowledge Quest.34 (3):33-35.

Vonnegut, K. 1997.*Timequake*.New York:Putnam Publishing Group

Wang, F.Y. and Lee, S.Y.2007.*Storytelling is the bridge*.International Journal of Foreign Language Teaching, 3 (2):30-35.

Wertham, F. 1954.*Seduction of the Innocent*.New York:Rinehart.

Worthy, J., Moorman, M., & Tumer, M. 1999.*What Johnny likes to read is hard to find in school*.Reading Research Quarterly, 34 (1):12-27.

Wright, R. 1966.*Black Boy*.New York:Harper and Row.

Zhao, Y. 2009.*Catching Up or Leading the Way?*American Education in the Age of Globalization. ASCD:Alexandria, VA.